I PARLAREM DE VIDA!

DISCURSOS I CONFERÈNCIES

Primera edició, maig de 2018

Títol:
I parlarem de vida!
Discursos i conferències

Autora:
Anna Gabriel

Pròlegs:
Isabel Vallet
Ermengol Gassiot
Mireia Vehí

Epílegs:
Benet Salellas
David Fernàndez

Correcció:
Maite Puig

Transcripcions:
Frederic Muniente
Roger Santacana

Agraïment especial a
Joan Teran, Maite Puig i Roger Santacana

Tigre de Paper | Edicions (CULTURA21, SCCL)
Plaça de Gispert, 4, 1r, 08241
Manresa (Bages), Països Catalans
info@tigredepaper.cat | www.tigredepaper.cat

ISBN: 978-84-16855-18-6
Dipòsit legal: DL B_8061_2018

LLEGIR EN CATALÀ

TIGRE DE PAPER EDICIONS

Tigre de Paper | Edicions vol ser més que una editorial, pretén ser un projecte cultural des d'on desenvolupar el pensament crític, teixir identitat col·lectiva i enriquir l'àmbit literari en llengua catalana.

Així com Antoni Serra considera que «*l'escriptor no és un ésser aïllat del context social on desenvolupa la seva activitat professional*», des de Tigre de Paper | Edicions considerem que la literatura ha de respondre a la crítica, al pensament i a la imaginació de la societat i, com a projecte editorial, tenim el deure de respondre i reflexionar sobre la forma, les necessitats i les lluites de la nostra societat.

I PARLAREM DE VIDA!

DISCURSOS I CONFERÈNCIES

* * *

ANNA GABRIEL

LLEGIR EN CATALÀ
ASSOCIACIÓ D'EDITORIALS INDEPENDENTS

TIGRE DE PAPER
EDICIONS

NOTA EDITORIAL

Us presentem un llibre editat amb molt amor; un llibre que pretén ser útil per a la difusió del pensament de la seva autora i la seva filosofia de la praxi, les principals eines de la qual són la paraula i la coherència entre aquesta i el seu exemple vital. És per aquesta coherència que ella avui és a Ginebra i no a casa seva, amb la seva gent. Per la seva coherència i per la bogeria repressiva d'un estat, l'espanyol, que fa necessàries iniciatives solidàries perquè aquelles que li planten cara puguin subsistir amb dignitat.

Aquest llibre forma part d'aquestes múltiples iniciatives que estan sorgint per ajudar les nostres preses, les nostres exiliades i totes aquelles persones que, d'una manera o altra, són objecte d'aquesta repressió. Per això tots els beneficis d'aquest llibre aniran a parar íntegrament a la campanya «Free Anna Gabriel», la qual dedica els recursos econòmics que recull a donar suport a l'exiliada política de Sallent, i també a altres causes antirepressives.

Però l'objectiu d'aquesta iniciativa solidària no és només econòmica, sinó també literària i, per tant, en certa manera política. Lògicament, això no vol dir que Tigre de Paper Edicions subscrigui els discursos d'Anna Gabriel –tampoc no vol dir el contrari!–, de la mateixa manera que cap editorial no necessàriament ha de subscriure tots i cadascun dels llibres que publica. El que sí que vol dir és que Tigre de Paper Edicions se solidaritza políticament amb Anna Gabriel i, com a editorial que som, hem valorat que la millor aportació que podíem fer era justament editar una selecció dels seus discursos per contribuir a la difusió del seu pensament polític.

Ha estat un plaer per a la nostra petita editorial, i per a les nostres col·laboradores, fer una recerca de discursos, escoltar-los, tornar-los a escoltar, transcriure'ls, editar-los, corregir-los, i tornar-los a llegir i a rellegir. Però ni la recerca no ha estat fàcil, ni encara menys la seva selecció. Escollir discursos implica, lògicament, descartar-ne d'altres.

No farem aquí una valoració intel·lectual, política ni literària, per dir-ho d'alguna manera, de l'oratòria d'Anna Gabriel. Sí que trobem imprescindible, en canvi, ressenyar els criteris que ens han portat a escollir i a endreçar els discursos que aquí recollim.

D'entrada, hem de dir, amb tota l'honestedat, que aquest llibre no és completament representatiu de l'obra política de la seva autora. No és, per tant, ni una antologia de textos i discursos, ni tan sols una selecció amb mostres representatives de les diferents etapes o moments de la seva vida militant. Tampoc no pretén ser-ho. El que sí que pretén ser, i a aquest criteri fonamental respon la selecció dels discursos, és una porta d'entrada a la seva personalitat política, construïda a partir, ara sí, d'una mostra representativa i significativa d'alguns dels seus principals discursos de la seva etapa política i vital anterior –l'actual comença amb el seu exili–, que és probablement una de les etapes més intenses i decisives de la història dels Països Catalans.

Per tant, malgrat la modesta feina d'edició que hem assumit com a editorial, i malgrat l'abast limitat del recull de textos que oferim a través d'aquest llibre, creiem que fem una aportació important a l'estudi de la història del nostre poble publicant, d'una font primària tan important com creiem que és, un recull de discursos d'una de les personalitats polítiques més suggeridores, influents i brillants de la seva història recent com és la sallentina Anna Gabriel.

En el cas d'Anna Gabriel, els discursos són, han estat i esperem que continuïn sent el principal instrument d'intervenció política, així com el canal o format a través del qual cristal·litza una vida d'acció política en el si d'un moviment col·lectiu: el de l'esquerra independentista. No pretenem en cap cas comparar l'autora dels discursos que publiquem en aquest llibre amb altres grans oradores polítiques d'arreu del món, però és cert que el seu cas s'assemblaria al d'altres grans personatges polítics que també es caracteritzen pel fet que, si en volem recollir l'acció i el pensament polítics, hem de recórrer als seus discursos, molt més que a les seves cartes, articles o documents. Als seus discursos, però també a les seves xerrades. Perquè aquest és un llibre de discursos, però també hi trobem dues xerrades –poques, tenint en compte que si Anna Gabriel s'ha prodigat en un «gènere» és en el de les xerrades.

La primera, «El nostre independentisme té clar que és de classe», és la que ens serveix per obrir el recull que aquí proposem. Es tracta d'una xerrada que va tenir lloc el març del 2013, abans que Anna Gabriel entrés a formar part de l'Oficina Tècnica Parlamentària de la CUP - Alternativa d'Esquerres. Il·lustra la seva concepció de l'evolució política de la CUP, lligada a l'evolució del moment polític i posada en relació amb el moviment de l'esquerra independentista. Alhora, és una mostra del seu esforç per explicar aquest moviment fora dels Països Catalans.

El segon text inclòs al recull és «Volem autodeterminar-nos per canviar-ho tot», el discurs que va pronunciar al davant de Santa Maria del Mar, al passeig del Born, en l'acte polític que l'esquerra independentista va organitzar al final de la manifestació de l'Onze de Setembre del 2013. Es tracta d'un dels seus discursos més recordats: és un discurs contundent, i en certa manera, també premonitori.

«Som lluita i som esperança» és, de nou, un discurs d'Onze de Setembre, en aquest cas en el primer acte de l'Onze de Setembre que va tenir lloc al nou emplaçament de la plaça Comercial del Born. Aquell any la Diada coincidia amb l'inici de la campanya de les eleccions del 27-S. Malgrat això, el discurs té molt poc contingut electoral; en canvi, el contingut històric i ideològic posa de manifest aspectes suggeridors de la sensibilitat política i ideològica d'Anna Gabriel.

Segueix el discurs en l'acte de final de campanya que va tenir lloc a Badalona, «Governem-nos és la voluntat de no ser mai més esclaves dels poderosos», amb un contingut molt més clarament electoral, que ja adverteix del paper decisiu que tindrà la CUP-CC durant aquella curta i intensa legislatura que va començar justament aquell 27 de setembre, només acabar l'escrutini.

«Que cap dona dubti mai a dedicar-se al que vulgui per por de ser insultada» és l'altra xerrada que queda recollida en aquest llibre. Pronunciada el març del 2016, després de l'intensíssim debat d'investidura que culminà amb el pas al costat d'Artur Mas, però que tingué com a preu una duríssima campanya de «*pressing* CUP» amb Anna Gabriel com a objectiu preferent d'atacs i insults, sovint de caràcter masclista i misogin, és una xerrada d'una profunditat i d'una intensitat notables. El discurs d'Anna Gabriel és una declaració de principis amb relació a com entén la vida com a militant, i com a dona, però alhora és una anàlisi de conjuntura i dels actors que hi intervenen, així com una proposta política de futur.

«Governar bé vol dir posar tots els mecanismes al servei de l'autodeterminació del nostre poble» és el primer dels dos discursos al Ple del Parlament que hem inclòs en aquest recull. Correspon a la intervenció en nom del grup parlamentari de la CUP-CC sobre la qüestió de confiança a la qual Carles Puigdemont se sotmeté després que no s'aprovessin els pressupostos. La intervenció d'Anna Gabriel dibuixa el programa polític de la CUP-CC en un moment decisiu, i serveix com a barem per valorar també l'altre discurs parlamentari que incloem en aquest recull, que correspon a l'aprovació de la Llei del referèndum d'autodeterminació.

També incorporem en aquest llibre alguns extractes importants de les intervencions d'Anna Gabriel corresponents al debat que va mantenir amb el president de la Generalitat de Catalunya, Carles Puigdemont, en el context d'un fòrum organitzat per El Punt Avui i l'associació Moment Zero, el febrer del 2017. Conté reflexions importants i premonitòries sobre la intenció repressiva de l'Estat espanyol i la internacionalització del plet català.

Aquestes reflexions donen pas als mesos decisius de setembre i octubre del 2017 i, més concretament, al ple històric del Parlament de Catalunya corresponent al debat i a l'aprovació de les lleis d'autodeterminació, del qual reproduïm el discurs pronunciat per Anna Gabriel, que constitueix un exemple de proposta i de responsabilitat polítiques, i també de perspectiva i autocrítica, sobretot posat en relació amb el discurs anterior sobre la qüestió de confiança.

«Dels Països Catalans al món: aquesta és la nostra pàtria» són els extractes del discurs que Anna Gabriel compartí amb Mar Ampurdanès en nom de les organitzacions de l'esquerra independentista l'Onze de Setembre del 2017, i constitueix una presa de partit en un moment clau i una declaració internacionalista.

Algunes de les reflexions fetes a la plaça Comercial de Barcelona es repeteixen en el discurs de Terrassa, pronunciat en el marc ja de la campanya «Viure vol dir prendre partit», pel referèndum del Primer d'Octubre. El discurs serveix per visualitzar la capacitat d'Anna Gabriel per contextualitzar les seves al·locucions d'acord amb el lloc on els pronuncia, i per explicar, d'alguna manera, l'extraordinària capacitat que aquests discursos tenen per connectar amb l'auditori.

El recull es tanca amb dos missatges gravats ja des de l'exili: el primer, reproduït a l'assemblea nacional d'Endavant; el segon, a l'acte organitzat per Sallent Respon. Són missatges breus, que revelen la profunda sensibilitat de la seva autora i que serveixen d'epíleg a aquest llibre i de porta oberta a una obra, la d'Anna Gabriel, que s'estén molt abans de la primera xerrada inclosa en aquest volum, i que s'estendrà molt més encara després del darrer missatge que aquí recollim.

Evidentment, ni discursos ni xerrades tenien títols, i som nosaltres els qui els hem posat lliurement, extraient-los, això sí, de les pròpies paraules pronunciades per la seva autora.

Finalment, sempre d'acord amb l'autora, i amb l'objectiu de fer més llegibles els textos, no hem transcrit íntegrament i literalment tots els discursos, sinó que hem preferit oferir-ne extractes tan complets i fidedignes com fos possible.

Només ens queda agrair a Isabel Vallet, a Ermengol Gassiot, a Mireia Vehí, a Benet Salellas i a David Fernàndez els preciosos textos que han escrit per prologar i per cloure aquesta obra.

Moltes gràcies també a vosaltres, lectores, per comprar aquest llibre i col·laborar així en la campanya «Free Anna Gabriel».

Perquè la volem lliure, de nou, a casa!

PRÒLEGS

ANYS DE REACCIÓ

Isabel Vallet

Era l'Onze de Setembre del 2013 i jo anava de camí a Reus. Havia de participar en l'acte polític organitzat per l'esquerra independentista que havia de tenir lloc després de la manifestació. En acabat de l'acte, tot just quan vaig acabar el parlament, vaig començar a veure missatges i piulades sobre la intervenció de l'Anna al Fossar. Vaig veure entusiasme, vaig veure emoció, i vaig veure empenta: les companyes que l'havien escoltat estaven absolutament entusiasmades i destacaven que havia estat un gran parlament.

La mobilització de l'Onze de Setembre del 2013 havia estat massiva, i els actes de l'esquerra independentista, molt concorreguts. Si en rescateu les imatges podreu veure-hi el passeig del Born ple a vessar. Feia autèntic goig. Confesse que vaig haver d'esperar a veure'n el parlament a l'edició del vídeo i que ho he recordat ara, mentre escrivia aquesta contribució. L'Anna deia llavors, fa més de quatre anys: «No volem una segona transició. Volem un procés de ruptura des de baix. Volem un referèndum com a procés, com a inici per canviar-ho tot. Volem que sigui el poble qui desobeeixi; ens importa molt poc el que digui un parlament autonòmic. Volem que sigui el poble qui defineixi el país on vol viure. No ens conformarem amb un nova cultura de la transició que ens torni a deixar en la marginalitat política. Volem ser al centre i ser el subjecte polític que decideixi el futur del nostre país. Volem autodeterminar-nos».

Mentre la tornava a escoltar, he pensat: «Qui ens ho havia de dir!». I segueix ressonant-me dins el cap: «Volem que sigui el poble qui desobeeixi; ens importa molt poc el que digui un parlament autonòmic». Perquè crec que si em demanen que resumeixi en dos frases què va passar l'1 i el 3 d'octubre no trobaria una síntesi millor, i menys encara una pronunciada amb tanta antelació. La mobilització popular posava l'Estat espanyol en escac, permetia la celebració del referèndum i també desbordava l'estratègia de la direcció del sobiranisme des del capdavant del Parlament autonòmic. Malauradament, els dies posteriors, després de les jornades de màxim protagonisme popular, les maniobres del PDECat i d'ERC per reconduir la situació, culminades amb la declaració fallida del 27 d'octubre, el desplegament de l'estratègia repressiva de l'Estat, l'aplicació de l'article 155 de la Constitució espanyola i la celebració d'unes eleccions imposades pel Govern espanyol, han tornat a situar el panorama polític allà on volen: arrossegades al retorn de l'activitat parlamentària i de la retòrica sense fets. I sí, també ens toca fer autocrítica, a l'esquerra independentista i anticapitalista, amb una base militant i politititzada, amb una capacitat d'intervenció en pobles i ciutats al marge de les institucions, i en connexió amb bona part dels moviments i lluites socials d'arreu del país. Nosaltres tampoc no hem estat capaces d'impulsar una estratègia popular d'alliberament que ens conduís a escenaris de ruptura. I no vam saber ni poder organitzar una resistència popular a la repressió i a la imposició monàrquica.

Ara bé, i això no és menor, els fets dels darrers mesos del 2017 han demostrat també la validesa del plantejament de l'esquerra independentista: han revelat als ulls de la majoria la naturalesa repressiva de l'Estat espanyol i de les seves institucions, la manca de neutralitat de les institucions europees, de la gran oligarquia i de l'IBEX 35. En definitiva, les jornades d'octubre han validat que un procés d'alliberament només és possible encapçalat per la classe treballadora i les classes populars, enfrontat als interessos de l'oligarquia, amb un programa d'unitat popular de transformació social i de construcció nacional –imprescindible per articular majories encara més àmplies a favor d'una ruptura democràtica amb l'Estat espanyol. Des del nostre punt de vista, a més, cal no oblidar que la formulació d'una alternativa democràtica en clau d'articulació dels Països Catalans pot ser l'element bàsic que faça fracassar la reforma d'Espanya, que només pot esdevenir-se en una clau encara més centralitzadora i repressiva. I sí, la conclusió a l'autocrítica és clara: per aprendre i per seguir, és imprescindible l'organització política de la classe treballadora i de les classes populars, i la persistència de la mobilització popular.

Quan va sortir a la premsa la notícia que l'Anna es trobava exiliada a Ginebra, i deixant de banda l'estúpida polèmica sobre l'exili en un país capitalista, vam poder recuperar una llarga llista de noms de militants polítiques, en alguns casos revolucionàries, que per diverses circumstàncies van haver de marxar dels seus llocs de vida a causa de la repressió política. D'entre tots aquests noms m'agradaria destacar-ne un, no tan conegut com tocaria: el de na Nadejda Krúpskaia, una destacada militant bolxevic, una revolucionària russa.[1]

1. Krúpskaia va ser una de les militants més destacades de la Lliga per a l'Emancipació de Classe, secretària del diari *Iskra*, membre del comitè central

Krúpskaia també va haver d'exiliar-se a Ginebra, i d'entre les coses que va escriure en el període d'exili en aquesta ciutat suïssa, vull recuperar unes reflexions que entenc que no estan lluny d'allò que ens pot passar pel cap quan momentàniament aconseguim deixar de banda la ràbia que ens provoca l'Estat espanyol i el seu projecte nacionalista i repressiu, que ens vol esclafar amb tota la seva maquinària judicial, militar i de control ideològic. Ràbia que ens obligue a haver de deixar la nostra vida, com la volem, com és el cas de l'Anna, o a haver de normalitzar imputacions, detencions, com és el cas d'altres companyes represaliades per la seva militància política independentista, antifeixista, feminista, compromesa amb la millora de les condicions de vida de la classe treballadora. Apartada aquesta ràbia, recuperem unes reflexions, les de Krúpskaia, que en aquell llunyà 1908 ens portaven a una idea central: la necessitat d'aprofitar al màxim la «interrupció» de l'esclat revolucionari del 1905 per preparar els anys que havien de venir, per aprofundir més encara el contingut de la lluita. Recordem que feia tres anys escassos dels episodis de la revolució del 1905. Una seriosa advertència per al tsarisme, i una valuosa experiència per al moviment obrer internacional –però especialment per al rus.

«Espereu, el 1905 tornarà una altra vegada»; és com Krúpskaia detalla la necessitat de traçar la línia de lluita a seguir en les noves condicions de reacció. Ella ens explica els treballs de Lenin per aprendre de les lliçons que podien extraure's de les qüestions referents a l'organització dels piquets de les treballadores i dels treballadors, de l'organització de la insurrecció i de la presa de poder. Ens relata quines

---

del Partit Socialdemòcrata Rus; en definitiva, una vida dedicada a la militància política, compromesa amb l'alliberament de les dones i de la classe treballadora.

formes de lluita eren encara vàlides en el nou escenari i quines no ho eren per afrontar les difícils condicions de la reacció. I parlava també de com aquesta dificultat d'adaptar-se podia fer que moltes acabessin abandonant la lluita.

Eren «anys de reacció», travessats per una idea: res no havia acabat amb l'exili; sense acoquinar-se, tocava seguir avançant. Tocava seguir preparant-se.

Que ningú s'escandalitze; no faig metàfores, no agafe aquesta reflexió per comparar res ni ningú. Però sí que m'ha semblat oportú afrontar l'escenari que ens toca viure com «el nostre any de reacció», afrontar-ho per seguir, per analitzar, per preparar, per veure què ha servit per generar conscienciació, per veure com aportem una proposta política útil, com la fem massiva i, en definitiva, com seguim plantejant la lluita contra el règim capitalista patriarcal, i contra l'Estat espanyol (i el francès), contra les seves autonomies i aquelles institucions internacionals que el sustenten i l'executen.

Per fer tot això cal organitzar-se. I no només en les apostes institucionals. Veiem l'organització –i entenc que és una visió compartida amb moltes companyes– en dialèctica permanent amb el desenvolupament de les lluites populars. La veiem com un accelerador i cohesionador al servei de les lluites socials, populars, feministes, per l'alliberament nacional. És l'organització –més enllà de l'àmbit institucional– allò que ens permet unir forces i anar a l'una. Ens permet ser més fortes i colpejar juntes. I ens permet també mantenir un centre de gravetat de l'acció política fora de les institucions.

Si aquest llibre us permet apropar-vos més a la trajectòria política i militant de l'Anna en diversos espais i organitzacions, veureu una cosa segura de la seva persona:

compromís, tenacitat i sobretot generositat. Veureu organització, molts anys de militància anterior al Parlament –i també veurem molts anys seus de militància després del seu pas pel Parlament, eh! Veurem una militància al seu poble, Sallent; una militància que va molt més enllà del seu pas per l'Ajuntament. Veurem la seva implicació en un sindicat com la CGT en el seu lloc de feina. I veurem també la seva implicació amb Endavant (OSAN) i també amb la CUP. I crec que això s'ha de destacar, crec que això ens ha de dir molt, perquè et cal molta generositat per posar la teva vida al servei de la plena militància per la vida de totes.

Hi ha qui diu que ens trobem en replegament. No ho sabem, si és així o no. Però el que és cert és que vivim un moment complicat, en què la tendència a la desmobilització, a l'abandonament, al cansament i a la desmoralització és molt fàcil. Quan ens agafe, quan el cansament o el desànim s'apodere de nosaltres, està bé tenir present que hi ha companyes que, pel seu compromís, afronten situacions personals més complicades i que la nostra millor solidaritat, a part de les mostres de suport, és en definitiva aquesta: seguir amb la militància, seguir avançant i seguir preparant-nos. Perquè res no s'acaba, i conec prou l'Anna per saber que seguir, organitzar-se i persistir és la millor mostra de suport que li podem oferir.

Que les paraules d'aquell Onze de Setembre del 2013 són vives i que, en «el nostre any de reacció», com vas dir, Anna, «no hem de deixar de mobilitzar-nos, no hem de deixar de desobeir, perquè ens cal canviar-ho tot». I sí... Aquell va ser un gran parlament!

UNA MÉS DE LES NOSTRES

Ermengol Gassiot

Qui em coneix sap que no m'agrada gens parlar de noms propis. Que sempre he pensat que la lluita i la militància són realitats col·lectives. Que quan parlem en primera persona ho fem essencialment en plural, perquè som éssers socials, ens construïm i reconeixem el conflicte de la vida quotidiana també col·lectivament. De la mateixa manera que ens hi decantem, hi prenem part i hi actuem, per transformar-la. Ho he defensat moltes vegades i ho seguiré fent. I potser per tot això, quan un company em va demanar si volia escriure quatre línies per a aquest llibre sobre l'Anna, no vaig dubtar a acceptar. Sembla una contradicció, però no ho és, en absolut.

Estic segur que moltes de vosaltres, lectores i lectors d'aquest llibre, podeu explicar un munt d'històries en què l'Anna, d'alguna manera o una altra, ha participat. Compartint durant anys i anys tants anhels i tantes lluites que quasi n'heu perdut el compte. Caminant al vostre costat. Debatent-hi, escoltant-la i escoltant-vos ella, posant-hi el cos i la imaginació per resoldre les situacions que una vida de lluita, que ja comença a ser llarga, us ha portat. Així que el que us explicaré jo segurament no és pas gaire original, però és un bon reflex de com molts de nosaltres hem conegut l'Anna en molts racons diferents dels Països Catalans i, n'estic segur, en altres llocs del món.

Pensant què dir d'ella, m'ha vingut al cap una xerrada a Sallent, quan l'Ateneu Rocaus encara no hi era. Jo hi anava a explicar el cas d'en Franki, de Terrassa, un company i amic que estava a la presó per estripar la bandera espanyola de l'ajuntament. Era ocupa i en aquella època no estava gens de moda parlar de presos polítics, tot i que n'hi havia, i a Terrassa en teníem tres. A Sallent hi havia diverses persones escoltant la història que hi vaig anar a explicar. Jo estava cansat, feia poc que en Franki era a la presó i les circumstàncies ens superaven una mica. L'Anna era una més d'entre el públic, i quan el diàleg posterior a la xerrada va començar a decaure, ella va fer un parell de preguntes oportunes, per donar vida al debat i, sobretot, per interpel·lar la gent jove del públic. Que aquella, també era la seva lluita. Va ser aleshores quan em vaig adonar que l'Anna, en aquell grup, era un referent. Sense xivarri, sense crits, sense focus, simplement dinamitzant un debat per construir –apoderar, n'hem anat dient més tard– un jo col·lectiu a Sallent.

Després d'això van anar passant coses. Políticament vam créixer, cadascú en el seu entorn, però reconeixent-nos com a companyes i companys arreu. Segur que ja enteneu de què us parlo. No em refereixo només a l'Anna, ni a mi. En molts barris i en molts pobles sabíem quins eren els nostres espais de trobada, casals, ateneus, centres socials... i de militància. En alguns llocs es lluitava contra el runam salí, mentre que en d'altres les dinàmiques antirepressives ens absorbien el dia a dia, i una mica més enllà s'obrien locals, punts d'informació de múltiples batalles, etc. Després va arribar la primavera de les places, dels talls de carrers contra les retallades, del Parlament encerclat, de les porres d'en Felip Puig i dels milers i milers de persones, per primer cop, fent-se seus molts dels nostres clams. Encara no sortíem a la tele, o sovint, quan apareixíem a la premsa, ho seguíem fent a la pàgina de successos, però l'Anna hi era, com molts de nosaltres.

I després va venir la projecció pública. Totes sabeu que, de les nostres, l'Anna és una de les que més n'ha tingut, d'aquest tipus de projecció. De nou, qui em coneix, sap la prevenció que em generava i em continua generant, a mi, aquest tipus de circ mediàtic. I el temor que la fabricació d'«*estrellitas*» dels moviments socials i dels nostres espais militants destruís la nostra horitzontalitat i el nostre «jo» col·lectiu. Doncs, amb tot això al cap, recordo una reunió de la meva secció sindical, la CGT a la UAB. No fa pas gaire, ben entrada la legislatura d'en Puigdemont. Alguns companys i companyes estaven alarmats perquè havia dit que no volia que, com a mínim segons la meva opinió, ningú pagués ni un euro a la UAB com a responsabilitat civil pel cas «27 i més». També explicava que no pensava anar a fer res al jutjat, sabent-ne les conseqüències i mirant d'argumentar el sentit de fer-ho. En un moment, es va obrir la porta, i l'Anna va entrar. Des que era diputada al Parlament, venia poc a la secció. Aquell dia hi havia alguna activitat rellevant a la cambra. Però ella era allà, amb nosaltres, escoltant, com anys enrere a Sallent. Escoltant un torn de paraules i un altre. I, finalment, un parell o tres de frases de suport al company represaliat i, sobretot, a la secció sindical. En aquell moment, era prioritari enfortir la cohesió del col·lectiu i, com qui no vol la cosa, ella va deixar anar les paraules que va trobar més apropiades per contribuir-hi. Malgrat ser famosa, ocupar pàgines als diaris i minuts en ràdios i televisions, quan es tractava de donar suport a un company i un espai de militància, l'Anna seguia sent-hi.

Com aquestes, us en podria explicar moltes més. Espais compartits a dalt de tarimes, en reunions; xerrades en una taula de bar al voltant d'un got... Recordo també com, quan els miners de Sallent ho van demanar, l'Anna hi va ser. No com a diputada, o no només, sinó amb altres companyes seves del poble. La situació era complexa per a la CGT, que feia pocs dies havíem criticat durament la CUP per aprovar els pressupostos de Junts pel Sí. Defensàvem el manteniment dels llocs de treball i, en el fil d'una navalla, intentàvem no fer el joc a l'empresa i a altres sindicats que volien poder continuar abocant sal a la muntanya de Sallent, en contra les lluites de les veïnes i d'algunes sentències judicials. Sense pensar-ho i sense demanar res a canvi, l'Anna va ser allà i en diferents actes públics amb els miners de la CGT. Novament, continuava sent-hi.

Possiblement l'Anna, en tants anys, s'ha equivocat en coses durant la seva militància. Com totes nosaltres, perquè, com deia la meva àvia (una altra vella lluitadora, de les que van perdre la revolució i la guerra), qui no fa res no s'equivoca. Però és igualment cert que mai ha deixat de ser una més de les nostres. Per això, quan, un parell d'hores més tard que li dictessin l'ordre de detenció, vaig conèixer la meva, enmig de la tristesa un punt d'orgull em va recórrer el cos. De fet, en aquella època de lluita a la UAB, ella també hi era.

PRÒLEG

LES DESPERTADORES

Mireia Vehí

Gracias por querer conocer este lugar.

Presa del Centre Penitenciari
de Wad-Ras (Barcelona)

Feia una tarda assolellada i des del Parlament de Catalunya ens dirigíem al Centre Penitenciari de Wad-Ras, a Barcelona. Havíem aconseguit que ens deixessin entrar a la presó sense visites concertades amb altres forces polítiques, ni espais compartits amb el corresponent seguici de directors generals que ens expliquessin que meravellós que era el centre penitenciari. Havíem volgut fugir d'aquests formats –nosaltres no som d'eixe món–, i no volíem contribuir a ser part d'excursions programades en què les preses són figurants d'un teatre anomenat presó. Volíem entrar-hi per veure, amb les mínimes interferències possibles, i de la manera més directa possible, en què consisteix aquest espai de privació de llibertat per a dones, i volíem entrar-hi a parlar amb les preses. Ni més ni menys.

En general, elles no voten –normalment no poden. En general, quan elles parlen, ningú no les escolta. En concret, elles són una de les bombolles de patiment invisible d'aquest sistema injust. I nosaltres teníem la responsabilitat de ser-hi. D'entrar-hi. De parlar-hi.

El primer dia no teníem gaire clar què fer i com enfocar-ho. Ens vam trobar en una aula amb les finestres reixades i assegudes en unes taules verdes d'escola ajuntades fent un quadrat gran. Elles eren unes deu i nosaltres érem dues. Timidesa i una mica de nervis –això era compartit. Però de seguida va fluir la màgia.

—Venim a estar amb vosaltres i a parlar de política.

—I que per què veniu en aquest format? Que normalment «els polítics» venen en excursions programades.

—A nosaltres això no ens interessa, que ni som com els altres ni volem ser-ho.

—Què carall és, això de la CUP? Que nosaltres no som independentistes ni ens interessa! *Bueno*, a alguna, sí. Però no en general. I que si veniu a això potser us heu equivocat de lloc.

—No venim a això, que venim per poder parlar amb vosaltres tants dies com puguem...

—Ah, d'acord, llavors parlem. Però... de què voleu parlar?

I vam parlar de tot. De poder viure a casa i de poder-nos-ho pagar. Dels problemes que tenim les dones. De la presó. De tenir filles. De la corrupció. De la *justícia*. De venir de lluny. De venir sola o venir amb algú. De les drogues. De delictes de rics i delictes de pobres. I del *Codi Penal*.

El darrer dia –malauradament el cicle havia de tenir un final– elles es van autoorganitzar –amb el marge que en tot moment ens va brindar la direcció, que s'ha de reconèixer que va ser força gran– per ensenyar-nos el centre penitenciari. I en grups de dues preses, cada equip ens explicava una de les parts de la presó. Vam començar per ingressos, allà on s'arriba quan es ve a passar una temporada entre reixes. I després, les cel·les. I l'espai de preventives. I els passadissos. I el pati. I l'economat. I la cafeteria de fora. I més passadissos. I la cuina. I els tallers de treball. I el gimnàs. I la biblioteca. I l'espai de maternitat. I així fins al darrer racó de la vella presó. I nosaltres estàvem superades per la generositat, les confidències, les bromes, els riures, les mirades tristes i el color pastel d'unes parets que aguanten tant dolor i tanta esperança junts. Sempre que hi penso, penso que allò omple de sentit la paraula *sororitat*: sororitat resistent; sororitat resilient.

Al darrer moment, ens fan un regal. Una cartolina plena d'escrits d'agraïment. I una idea clau: gràcies per invertir temps en un lloc com aquest, amb una gent com nosaltres. I nosaltres, precisament, on creiem que hem de ser és en aquell lloc i amb aquella gent, i hi som massa poc. Per a nosaltres, el feminisme –o més aviat els feminismes–, que, malgrat totes les dificultats, tantíssimes dones estan aconseguint posar al centre del debat polític, amb la seva lluita anònima i persistent, té una dimensió potentíssima, que va molt més enllà dels telenotícies, i que es visibilitza sobretot als espais privats. I és, segurament, una de les coses més boniques d'aquest cicle que hem compartit al zoo parlamentari. Caminar al costat de l'Anna Gabriel és tota una escola en aquest sentit: l'escola que posa al centre de l'acció política la gent senzilla, l'escola que mira amb unes ulleres d'humanisme i de feminisme estructural. L'escola que reivindica les feministes intuïtives, aquelles àvies que ens han educat sense haver llegit ni un capítol de teoria feminista, però que tenien clar que nosaltres havíem d'anar sempre «amb el cap ben alt». L'escola de la humilitat i de la senzillesa. L'escola de no pensar-se ni per un moment diferent de la resta.

Una escola col·lectiva i feta de moltes. I d'històries infinites. Com la de l'acte feminista a l'Ateneu de Vilafranca, quan una noia es veu prou apoderada per explicar per primera vegada, davant de tothom, que ha estat violada i que fins ara no s'havia atrevit a explicar-ho. O aquella altra, en un acte a Nou Barris, quan un noi trans se'ns acosta per explicar-nos que quan ens escolta se sent amb força. O aquella altra, en un viatge a Euskal Herria, quan una noia ens ve a explicar que està molt deprimida però que escoltar-nos li ha tornat les ganes de fer política i de militar. O encara una altra, quan, enmig del pols del «Ni Mas, ni març», una dona gran, a la Vila de Gràcia, ens agafa i mentre clava una mirada profunda a l'Anna li diu que «ja era hora que en aquest país algú digués que ja n'hi ha prou». O quan, des del menjador d'una casa a l'exili, ens arriba la fotografia de les zapatistes amb un cartell que diu: «Anna Gabriel. Resistencia y dignidad».

I totes aquestes historietes no les escric per posar sobre paper aventures compartides amb l'Anna. Totes aquestes històries s'expliquen des d'una mirada feminista de la quotidianitat. I potser, d'aquests mesos compartits, cal que n'expliquem molt més totes aquestes històries invisibles. Que ens reconeguem en una tasca central, en l'aventura de transformar-ho tot: la política de la quotidianitat. Que valorem la capacitat de fer arribar els discursos i les pràctiques fins a la cuina –mai més ben dit. Que entenguem que les nostres, la gent senzilla, són qui dona sentit al que fem.

La comandanta zapatista Ramona sempre deia que tenia moltes feines, i que una era despertar la gent. La comandanta Gabriel és una mestra de l'escola de les despertadores. Que aquest llibre sigui una contribució a fer-nos despertadores del món nou que portem al cor i que serveixi per acostar-vos, si és que es pot fer amb paraules, a la generositat i al compromís de l'Anna.

Gràcies, Anna, per deixar-me ser companya de vida.

ANNA GABRIEL

DISCURSOS I CONFERÈNCIES

I

EL NOSTRE INDEPENDENTISME TÉ CLAR QUE ÉS DE CLASSE

Xerrada celebrada el 13 de març de 2013 enmarcada en les jornades «Crisis, capitalismu y derechu a decidir de los pueblos», organitzades a Xixón per Izquierda Asturiana (IAS) i Izquierda Anticapitalista d'Asturies (IZAN).

Bona tarda, i moltíssimes gràcies per la invitació.

No soc una de les tres diputades que han sortit electes.

Sé que té més tirada sentir una diputada, però no cal que us digui que l'agenda que porten és d'absoluta bogeria. De les tres, una acaba de ser mare i està de baixa. Nosaltres no fem com la gent de dretes, que al cap de tres dies ja treballen i fan veure que les que s'agafen la baixa és perquè són unes gandules, sinó que la nostra companya farà els quatre mesos de baixa com toca. Per tant, en queden dues, al Parlament, intentant assumir vint-i-una comissions, un ple al mes, quaranta mil reunions. I com que no només som a les institucions, sinó que també hem de ser als carrers, aturant desnonaments, treballant amb la gent d'educació i sanitat Total, que si, a més, hi afegim viatges per l'Estat i a l'estranger, és normal que no es pugui donar resposta a totes les peticions. En tot cas, espero que en una altra ocasió sigui possible, i voldria disculpar-ne l'absència.

Intentaré fer una explicació de l'origen de la CUP, i després, una anàlisi de la situació actual. La intenció és no allargar-me gaire, perquè el que ens interessa és atendre les vostres inquietuds, els vostres dubtes i comentaris. O sigui, que em deixaré coses, segur. Intentaré resumir la història de l'esquerra independentista al meu país. És impossible ferho bé i ràpid, però ho intentaré, i al final m'agradaria que em comentéssiu el que calgui.

Nosaltres ho hem anat repetint aquests dies, sobretot a la campanya electoral. La veritat és que no importàvem gaire a ningú fins a la campanya. I sobretot, hem començat a importar des que hem tret tres escons al Parlament. Aprofitant la conjuntura, que comencem a importar a la gent, hem començat a explicar qui érem. Evidentment, no som algú que apareix en unes eleccions autonòmiques. Som una mica la tradició, l'herència d'un independentisme d'esquerres que es comença a forjar durant el franquisme.

La història de l'antifranquisme a Catalunya no es coneix especialment per la lluita independentista, sinó més aviat per forces com el PSUC o CCOO «les del moment, és clar; no les actuals», que dibuixen la resistència antifranquista més que no pas el moviment independentista. Però és veritat que als anys seixanta es crea el Partit Socialista d'Alliberament Nacional, que dibuixa el binomi que ens acompanya fins avui: no hi haurà alliberament nacional sense alliberament social. I no hi haurà alliberament social sense drets nacionals reconeguts.

Aquesta gent que comença a militar als anys seixanta és un grup que no participa en els pactes de la Transició. No es creuran l'estat constitucional ni que la Transició és un canvi de règim. Amb força marginalitat «per què no dir-ho», resisteixen minoritàriament i permeten que les noves generacions de militants tinguem uns referents clars. Evidentment, no és l'únic referent. També reivindiquem altres forces antifranquistes com a pròpies. I com a capaces d'anar més enllà i reivindicar també la tradició llibertària, que a Catalunya és especialment important i amb referències a l'anarcosindicalisme dels anys trenta. Alguns dels seus dirigents ja parlaven llavors, també, que a qui menys interessava la independència era a la burgesia catalana, i a qui més interessava era a la classe treballadora. Això sorgeix en mítings dels anys trenta, de líders sindicals com Salvador Seguí, que fa pocs dies recordàvem que va ser assassinat pels pistolers de la patronal als carrers de Barcelona.

Amb això vull dir que la nostra tradició té un espectre força ampli de referents, i això sempre és una sort. Aquesta gent que he dit que no es va creure la Transició va militar en espais amplis, com l'espai anti-OTAN, al seu moment; el moviment antimilitarista «són els primers objectors de consciència», però també en moviments feministes radicals. Això dibuixa un cert apunt cap als moviments socials i antisistema a la dècada dels vuitanta i noranta. A principis de la dels 2000, l'esquerra independentista, entesa com un moviment per aglutinar un procés d'alliberament nacional, fa una aposta clara per unir esforços amb base municipalista.

Això pretén també recollir l'experiència d'una generació de militants que han anat a estudiar a les universitats de Barcelona; es tracta de militants de comarques que van a la ciutat per estudiar-hi. A la ciutat s'acosten a moviments com el d'ocupació, antiglobalització, acampades pel 0,7, contra el pagament del deute extern dels països empobrits.

És la militància a la ciutat qui, en certa manera, fa d'escola de formació política per a una generació de persones que tornaran al seu territori d'origen i des d'allà començaran a posar les bases d'un projecte territorialitzat de lluita. Molts dels que avui estem a la CUP som exemples d'aquesta militància que es va formar a les ciutats, però que entenem que no només hem de posar el focus de la lluita allà. Entenem que l'hem d'estendre al territori. Quan, als anys 2000, es fa l'aposta del municipalisme, tampoc partim de zero. Tenim una generació de gent que ja ha militat en els moviments antisistema de la ciutat.

Les primeres candidatures municipals es comencen a presentar a les eleccions del 2003. Vam treure quatre regidores a tot el país. El que vindria a ser un «zero coma molts zeros» de totes les votants del país. És testimonial, però tenim clar que serà un recorregut a llarg termini. El que ens interessa és que les CUP siguin exemple de lluita als llocs on habitualment no hi ha costum de lluita. És cert que en un context urbà, en una ciutat com Barcelona, és més agraït lluitar-hi. Et sents més acompanyada en una lluita radicalitzada, i als pobles és més complicat. Entenem que haurem de construir el país des del conjunt del territori, no només des de la capital. Per tant, les CUP aposten per establir-se al territori, per portar als plens dels ajuntaments un discurs independentista d'esquerres i també per ser l'escola de formació de tota una generació que potser no ha anat a estudiar a la ciutat, ni ve d'una tradició militant, que probablement no se sent independentista i que intueix que és d'esquerres però que no s'atreviria a definir-se d'extrema esquerra, i que veu en la feina quotidiana de la CUP una possibilitat de treballar per millorar el seu nivell més immediat d'intervenció: el municipi.

El paper que fem el 2003, amb quatre regidores, és el de començar a fer d'altaveu de determinades denúncies i reivindicacions. Comencem a situar en les agendes polítiques dels municipis la denúncia de l'urbanisme salvatge, que destrueix el territori i alimenta econòmicament uns ajuntaments que construeixen serveis públics però que ho fan amb un model insostenible. Ho dèiem en un moment en què ningú parlava de crisi ni de bombolla immobiliària. A més, era molt impopular pronunciar-se en contra del creixement. Semblava que no hi havia alternativa al creixement, i que ni calia buscar-hi alternativa perquè era normal créixer i progressar. No només hi apostava la dreta, que evidentment hi feia negoci, sinó que l'esquerra no hi plantava cara perquè l'entenia com l'única manera possible de progrés.

Molt en solitari, però ja llavors, vam començar a fer un discurs molt antisistema des dels municipis. El 2007 vam passar de quatre a vint-i-sis regidores, que segueixen sent els «zero coma molts zeros» de regidores del país. Però ja no ens trobem només als municipis petits, sinó també en capitals de comarca. En algunes capitals de comarca arribem a tenir la clau de la governabilitat. Del vot de les CUP en depèn que governi un partit majoritari o un altre. És quan ja comences a molestar una mica més. Però, més enllà de decidir qui pot ser alcalde del municipi, que sembla anecdòtic, seguim incidint en la denúncia del model. Seguim quedant-nos soles, en molts moments, en la defensa de la llengua. Seguim denunciant una llei de partits que il·legalitza formacions polítiques a l'Estat espanyol. Seguim sense entrar en la lògica de condemnes de determinats actes, perquè entenem que no hi ha morts de primera i morts de segona. Condemnem totes les violències del planeta, que són moltes.

En posaré molts exemples perquè entengueu que, malgrat tot, en aquells moments el discurs tampoc era fàcil de sostenir. Comptàvem també amb el silenci mediàtic. Més enllà d'algun moment en què importava saber si condemnàvem o no algunes accions de determinades organitzacions armades, la veritat és que importàvem poc.

El 2011 és quan es fa un salt més important. Ens plantem amb cent una regidores, que segueix sent poc, però que ja és una xifra important. A més de les cent una regidores, tenim quatre alcaldies. En municipis petits, però per primera vegada podem posar en pràctica «amb moltes limitacions» el discurs que havíem tingut a l'oposició. Es comença a governar implementant la cultura política que defensem, fent consultes als municipis per decidir sobre pressupostos o sobre plans urbanístics. Vam tirar enrere projectes de privatització de serveis públics i, a més, vam treballar el 12-O perquè no és la nostra festa; vam fer les vagues generals i ens vam tancar als ajuntaments per denunciar que la institució municipal està segrestada pel poder financer.

Tampoc ens pensem que des d'una alcaldia es pugui fer gaire: el 2011 ens agafa en plena voràgine, i érem conscients que des de les institucions no es podria canviar gran cosa.

Aquesta aposta, que municipalment vol dir territorialitzar lluites, estendre discurs i ser escola de formació de primera militància de molta gent del municipi, per a mi és essencial. Sense tenir aquesta perspectiva és difícil entendre per què després traiem tres diputades. Espero que no siguin una anècdota, sinó el primer pas per a un recorregut a llarg termini. Darrere hi ha base sòlida de gent que fa molts anys que és als municipis, que coneix molt bé la realitat més immediata i que és conscient que el resultat electoral no ens donarà la legitimitat. Som conscients que si vols guanyar eleccions o tenir bons resultats no ho aconseguiràs amb un programa d'extrema esquerra. No ens ha de fer perdre el projecte voler tenir molt rèdit electoral, sinó que hem de socialitzar discurs, repolititzar i tornar l'esperança a gent que la va perdre. La dreta ens va derrotar, però l'esquerra ens va fallar. La combinació de la derrota és múltiple, i el repte, majúscul. Som conscients que no canviarem les coses en quatre dies, ni amb tres diputades. La base hi és, i n'hem de seguir posant molta.

El 2011, els bons resultats s'emmarquen en un context polític àmpliament conegut. El nostre discurs és entès ara ja per un percentatge més alt de la població. Ens recorden que alguna raó devíem tenir quan, anys enrere, denunciàvem que creixíem amb una bombolla immobiliària que explotaria. Segurament teníem raó quan parlàvem de l'altíssim endeutament de les administracions públiques. I en coses que defensàvem en solitari. El 2011 comença a prendre sentit el que dèiem fins llavors. A més, el cicle a Catalunya s'havia obert de manera diferent, i hi havia un nou panorama de possibilitats, a partir del 2006-2007. Les reivindicacions per demanar millores en infraestructures van precedir uns episodis de problemes amb els trens de rodalies, apagades de llum, coses que afectaven la quotidianitat de la classe treballadora. La gent veia que a Catalunya no es podia anar a treballar amb normalitat perquè els trens no funcionen, o que FECSA no restablia la llum fins quatre dies després. Coses materials de necessitats bàsica que desperten a la gent una certa consciència que a Catalunya passa alguna cosa, que no es reben els recursos que segurament es mereixen.

També l'ofensiva del Tribunal Constitucional ho posa relativament fàcil. Posa en evidència que decideixen més deu senyors amb toga de l'aristocràcia jurídica del país que tot un poble. A les urnes el poble avala un estatut d'autonomia, i veu que consellers, ministres d'Educació, saben tan poc d'educació que s'atreveixen a defensar el dret dels nens i nenes catalans d'escolaritzar-se en castellà, obviant una realitat imperiosa: que a Catalunya no hi ha cap tipus de conflicte lingüístic a les escoles. El model d'immersió funciona i és l'única garantia de la classe treballadora per no partir amb desavantatge en el mercat laboral. La gent de la meva generació encara coneixem companys i companyes que han viscut en guetos de l'àrea metropolitana de Barcelona, en guetos de població immigrada en què el català no formava part de la seva vida quotidiana. Eren dues hores a les escoles, impartides per un professor titllat de *pijo*. El català era una cosa que no els pertanyia, els era aliè, i no els representava. Entenem que des de la perspectiva de la classe treballadora i de la reivindicació dels drets dels més febles, no podem excloure part de la població més dèbil de l'educació en la llengua pròpia del país. El ministre, lluny d'entendre la realitat lingüística, no només pretén obligar-nos a escolaritzar en castellà, la qual cosa construeix una dualitat i una doble línia d'educació segregada per origen lingüístic, sinó que, a més, com a bon governador de dretes, també pretén que les classes populars parteixin en desigualtat de condicions.

En tot cas, aquest cicle d'ofensiva centralitzadora, espanyolista, fa que molta gent prengui consciència del dret a l'autodeterminació. Un cop més, hi ha gent que ens deia que ja ho proposàvem feia temps, això de la independència com a garantia de dret democràtic de les persones. Mai hem defensat un independentisme excloent. A diferència d'altres formacions que han parlat de la necessitat de la independència perquè Catalunya és més rica, nosaltres no creiem que els pobles tinguin drets en funció del seu PIB o de la seva renda *per capita*. Els pobles tenen drets col·lectius, independentment del seu nivell de riquesa. Reivindiquem el dret a l'autodeterminació com a poble, no perquè siguem més rics o pobres que ningú. També entenem un independentisme no basat en drets històrics: no perquè fóssim aquí abans que ningú, o perquè hi arribéssim abans o per dret de conquesta, sinó que, com a fills i filles de persones nascudes en llocs del conjunt de l'Estat espanyol «jo, com a filla d'andalús i murciana», defensem aquest dret com a dret democràtic de decidir.

Aquest independentisme, que havia caminat molt en solitari, en aquest nou cicle que s'obre a partir del 2006-2007 recupera el sentit. Ens diuen que ja anunciàvem que no tindríem sobirania completa sense del dret a decidir.

Aquesta combinació de llarg recorregut «territorialització, lluita i un cicle d'ofensiva espanyolista» ens situa, el 2012, davant el dilema de decidir si participem en unes eleccions autonòmiques.

No és una decisió fàcil; ja hi havia hagut debat anteriorment. Hi havia sectors de les CUP «en què jo mateixa m'incloc» que eren molt refractaris a fer el salt de la institució municipal a una de supramunicipal. És un repte majúscul: altres forces d'esquerres han decebut intentant arribar a cotes superiors de representació. La institució parlamentària està molt deslegitimada. Sabem que és molt difícil construir i molt fàcil decebre. Ens vam dir que no teníem prou base establerta, que havíem d'augmentar la nostra base municipalista i deixar el salt institucional per a més endavant. Amb tot aquest panorama, és cert que hi havia elements que ens jugaven a favor i ens van fer prendre la decisió.

Estem en un cicle de mobilitzacions com mai s'havien vist. Hem tingut les places plenes d'indignades, de noves generacions d'activistes i militants que volen impugnar el règim en la seva totalitat. Gent que crida que no els representen, i ens identificàvem amb aquest crit. Els de dretes perquè són de dretes, i els d'esquerres perquè no són honestos amb els plantejaments d'esquerres. Ens enganyen en moltes coses, fent-nos creure que n'hi ha prou d'anar a votar per canviar les coses, que des de dintre de les institucions es pot canviar la realitat política del país, i fent-nos creure en ells, que ja gestionaran el bé públic i que no ens preocupem. Així, considerem necessari impugnar el règim en la seva totalitat.

També veiem amb preocupació com la repressió policial pega molt fort contra totes les mobilitzacions, especialment a València i Barcelona. I ho fa amb una desmesura preocupant contra estudiants en qualsevol manifestació, en les vagues generals o a les indignades. David Fernàndez, el diputat, porta 27 policontusions a la cama per les càrregues de plaça de Catalunya.

Un altre element que ens fa reconsiderar-ho és que si no situem al centre de l'agenda política nacional l'independentisme d'esquerres, en aquest moment de certa transició, correm el risc que sigui hegemònic de la dreta i que es doni la raó als que diuen que l'independentisme és un projecte de la burgesia. Nosaltres ho entenem justament d'una manera contrària. Potser és important, en aquest nou cicle, portar a debat l'independentisme d'esquerres. I tenim la sensació que si no som allà per dir determinades coses, no les dirà absolutament ningú.

Vam prendre la decisió bastant precipitadament. Aquest senyor Mas ens convoca a eleccions pels seus interessos, i ens fa córrer moltíssim. Al cap d'un mes de prendre la decisió ja començava la campanya electoral. No és per lamentar-nos. La CUP - Alternativa d'Esquerres pretén ser un paraigua que vagi més enllà de les CUP i que obri aliances amb altres organitzacions de l'esquerra anticapitalista. Obrim el paraigua, però com que anem ràpid i amb presses no ho acabem de fer bé. Encara ara estem estudiant com ens coordinem i treballem en espais que van més enllà de la mateixa militància.

En tot cas, encara que sigui en poc temps, fem unes llistes en les quals participa molta gent que no és militant de les CUP, com el mateix David Fernàndez. Fem una campanya electoral amb més de quatre-cents actes en quinze dies, amb una infraestructura entre militants. Recuperem el que han estat les velles fórmules de l'esquerra de fer campanya electoral, que van abandonar fa temps per contractar empreses que els fessin la feina: plantar-nos a les set del matí a les boques del metro, als trens, i anar porta a porta, boca-orella, com es fa la política des de l'esquerra, explicant el projecte a peu de carrer i no reservant res per a empreses privades. Comptem que aproximadament unes quaranta mil persones participen en la campanya electoral, activament o assistint-hi. Tenint en compte que tenim mil militants, mobilitzar quaranta mil persones en quinze dies ens dona una idea de quins poden ser els resultats. O més enllà dels resultats, mostren que el discurs està calant. I que hi ha gent de la corona urbana obrera de Barcelona o del territori, com a les Terres de l'Ebre «a qui CDC va deixar com l'abocador de residus nuclears i de petroquímiques», que es genera molta expectativa amb les CUP. I veiem que el projecte pot tenir més arrelament municipal a partir d'aquest moment.

Apostem també per situar enmig de la campanya referents polítics molt importants per a nosaltres, per tal de visibilitzar la nostra aposta política. A l'acte central de campanya convidem Diego Cañamero, del sindicat de treballadors andalusos, reivindicant que ni volem una Catalunya de la burgesia, ni donarem l'esquena a una Espanya dels treballadors. Ni la nostra Catalunya és la de Duran i Lleida, que titlla els andalusos de ganduls, ni l'Andalusia que construiríem seria la de la duquessa d'Alba.

Volem visibilitzar que el nostre independentisme té clar que és de classe, de classe treballadora i de classes populars, que ha vingut per quedar-se i que serem el cavall de Troia al Parlament. No hi anirem a gestionar res, ni a apuntalar cap tipus de pacte de govern. No ens entretindrem amb decrets llei ni amb lleis que ens intentin despistar de l'objectiu principal. Hi anem amb un programa de deu punts, inassumibles tots pel sistema institucional, però d'això es tracta. D'apujar el llistó ideològic, de la reivindicació. El lema de campanya era «Ho volem tot», i no renunciarem a res. Ni al país «i parlem de Països Catalans», ni a un projecte netament anticapitalista. Parlem d'independència total. No pagarem el deute als bancs. Ja sabem que la Generalitat ho farà, però partir amb un programa de màxims et permet no haver de renunciar a res en seure a la taula, ni haver de perdre el temps amb gestors de les restes del sistema. Reivindiquem el mapa sencer dels Països Catalans. Parlem de repartiment de treball i riquesa. En els actes no parem de recordar els tres milions de pobres del conjunt dels Països Catalans, els dos milions d'aturats i els vuitanta mil (llavors) desnonats que hi ha al conjunt del país.

Parlem que els serveis públics, ni tocar-los. Ni privatitzar-los, ni externalitzar-los, ni res. Al contrari, cal recuperar la gestió dels béns essencials. Aigua, energia i patrimoni per al poble. És un programa que no convida cap de les altres forces a gestionar res amb nosaltres. Ens dona un marge per fer combat ideològic; permet que estiguem a la institució quan convingui, però per seguir estant al carrer, que és d'on venim. És un programa que ens permet afegir que no representarem ningú. És una frase molt repetida. Són les indignades, qui ens representa; són les plataformes de lluita per la sanitat i l'educació, qui ens representa. És la PAH, qui ens representa a nosaltres. No anirem a la institució a convidar aquestes expressions a veure en què les podem ajudar, sinó que seguirem animant l'autoorganització ciutadana. Sabem que és l'única i exclusiva garantia que les coses es puguin capgirar.

També intentem dotar-nos de les màximes garanties per no endropir-nos a la institució. No crec que passi, perquè les dues diputades desitgen deixar de ser-ho. Però per si de cas a algú se li acudeix pensar que a la CUP hi podria fer carrera política, doncs limitem els mandats a una legislatura a la institució. Per molt bé que ho facis, hi ha d'haver rotació i lideratges col·lectius. També limitació salarial. Encara que les diputades catalanes cobrin al voltant de quatre mil euros mensuals, les diputades de la CUP en cobraran com a màxim mil sis-cents, tot inclòs. Vam decidir que prendríem les decisions de manera oberta i participativa. Sabem que la democràcia és cara i lenta, i si la institució no ens permet assumir aquests ritmes, no tindrem posició sobre moltes coses sense que les debati la base. I els exigim que no tinguin cap duplicitat de càrrecs. El Quim era regidor a l'Ajuntament de Vilanova i la Geltrú; la Georgina era regidora a l'Ajuntament de Vic. Però quan recullen l'acta de diputades, automàticament renuncien a ser regidores. Entenem que evitar la duplicitat de càrrecs és un tema de mínims.

Som, ara ja sí, a la institució. Seguim denunciant la triple crisi en la qual ens trobem immerses. No només la nacional, en què ens trobem des de fa molt temps, però que l'ofensiva ha aguditzat. Estem en una crisi que alguns entenem que és natural del sistema capitalista per retroalimentar-se. Per als més netament anticapitalistes no és cap novetat que hi hagi crisis cícliques. En tot cas, ara ens trobem a l'ull de l'huracà: en una crisi de representació democràtica, del sistema, que fa que els representats de la població, els electes de les institucions, tampoc no serveixin de gran cosa. Veiem que no són capaços de negar-se als mandats de la Troica i del sistema financer alemany. No són efectius a l'hora de resoldre els problemes de la població en el seu dia a dia. No fan res contra l'atur, no poden fer res contra els desnonaments, no volen fer res per no pagar el deute. La triple crisi és majúscula. Per això parlem de fer un *reset* al sistema. No per tornar-lo a engegar tal com era en l'origen, sinó per trencar la maquinària i construir-ne una de nova. Segurament és l'única manera que les classes populars ens puguem plantejar uns mínims de condicions de vida dignes. I perquè, quant a drets col·lectius, és l'única possibilitat que tenim de decidir què és el que volem per al nostre país.

En l'àmbit ja no estrictament de la CUP, el panorama a Catalunya és convuls. Des del 75 o 79 «que vam tenir uns anys convulsos, en què s'augurava la possibilitat de disputar l'hegemonia al sistema i vam perdre», no hi havia un cicle convuls a Catalunya. CiU sembla que es presenta a la població com una força independentista. Sembla que dibuixa les últimes eleccions autonòmiques com a plebiscitàries. Tots els partits ens vam veure obligats a explicar què faríem amb el dret a decidir. Nosaltres, com que ho teníem fàcil perquè érem independentistes de sempre, ens vam poder dedicar a altres coses. Però va tensar molt intensamnet formacions com el PSC o ICV-EUiA.

ICV mou fitxa, d'una manera com no ho havia fet abans, a favor del dret a decidir. El PSC es parteix per la meitat. I nosaltres, desconfiant que CiU fos valenta per fer el pas cap al dret a l'autodeterminació. Evidentment, tenim trenta anys i escaig d'autogovern per desconfiar de qui ha governat l'autonomia. Desconfiem de CiU i de les forces que van participar en el tripartit; desconfiem d'ERC, que ens va demostrar com s'arribava al govern des de l'esquerra per seguir aplicant programes de dreta. Així és com molt habitualment arriben al govern les forces d'esquerra. En un panorama en què desconfiàvem de tothom, vam intentar moure'ns per intuïció. Moure'ns amb els moviments quotidians i no donar un xec en blanc al full de ruta de CiU, però tampoc impedint tot el que sigui permetre que es convoqui una consulta a la població, que és el que voldríem.

Volem aprofitar totes les oportunitats per denunciar unes forces polítiques que parlen d'independència, però només vinculada a la nova delimitació geogràfica com a estat. No parlen d'independència relacionada amb els recursos productius del país, ni en relació amb el marc laboral, ni del sistema financer. Sempre que ens parlen d'independència recordem que la nostra independència era total i integral. No només en l'àmbit patriòtic.

Dic que desconfiàvem del full de ruta de CiU i m'equivocava. La veritat és que CiU no té full de ruta. Vam pensar que hi havia uns pactes bastant consolidats amb Alemanya, els Estats Units i Israel. Que hi havia hagut trobades de gent de CiU amb els que manen al planeta i que es reservava per a Catalunya el projecte d'un protectorat capitalista a la riba de la Mediterrània. Aprofitant que altres països s'enfonsaven, i que a l'Estat espanyol no se li veia gaire motor econòmic per sortir de la crisi, vam pensar que potser es reservava a Catalunya el paper de ser la petita Dinamarca del sud. Amb polítiques d'immigració clares, i posant CIE al voltant de les fronteres. I potser Catalunya tenia elements de substrat productiu per sortir de la crisi, i ves a saber si CiU no havia pactat amb aquesta gent avalar un procés independentista a canvi de mantenir un model econòmic molt clar.

Ara, la veritat, ja dubtem que això sigui així. Dubtem que CiU tingui un full de ruta, i creiem que actuen a batzegades en funció de lògiques de poder internes i del que els va dient el president de «la Caixa», que és qui mana al nostre país.

ERC es va presentar a les eleccions amb l'única preocupació d'ajudar CiU en aquesta aventura independentista; si els de davant van a batzegades, els de darrere hi van el doble. ERC seguia CiU, amb força mala fortuna, a vegades. Al nostre entendre, és molt perillós vincular el dret a decidir amb un pacte de govern de dos partits que apliquen retallades quotidianament. Per nosaltres, el pitjor favor que li podem fer al dret a l'autodeterminació és identificar-lo amb una classe política deslegitimada i que està a punt d'aprovar uns pressupostos que ens retallaran quatre mil milions d'euros més, i que no se sap d'on els podran retallar.

Si mirem la classe treballadora, que és l'agent polític que ens preocupa, creiem que és un mal favor per al dret a decidir que qui el promogui sigui qui tanca els ambulatoris i envia els fills a Londres a sevir cafès «que és el que diu el conseller d'Empresa i Ocupació que han de fer els joves catalans, i no hi ha prou cafè a Londres per a tants joves que hi van. La gent que viu amb les pensions dels avis, la gent que mor als boxs dels hospitals «la sanitat catalana era una joia i ho va deixar de ser en menys d'un any», dir a aquesta gent que els qui en són responsables «o els qui no tenen la valentia de plantar-se davant la Troica» són els que els demanen votar pel dret a decidir ens sembla no només perillós. Pot generar uns brots de conflicte identitari preocupants. Si CiU, que és la responsable dels guetos del nostre país «on el català no formava part de la quotidianitat», la responsable de construir la Catalunya de primera i la de segona, ara és qui demana el vot, és lògic que aquesta gent no se senti partícip del projecte.

Com a mínim tenim la possibilitat que, quan algun d'aquests agents parli d'independència, recordem que hi ha un model d'independència possible de plantejar. I els convidem de manera incansable que deslliguin el dret a decidir d'un pacte entre dos partits que estan retallant.

Aquest és el panorama que tenim. Soc absolutament incapaç de dir què passarà a Catalunya d'aquí a dos mesos. Ni idea. Si m'haguéssiu convidat fa dos anys i m'haguéssiu preguntat si Artur Mas parlaria d'independència, us hauria dit que no sabeu res de Catalunya, que era impossible. I mireu ara on som.

El que sabem és el que seguirem fent nosaltres, i tenim molt clars els nostres reptes. Nosaltres parlem de Països Catalans perquè són una possibilitat de pensar un procés constituent també posant en dubte l'actual marc autonòmic de divisió provincial de la Constitució espanyola. Tampoc defensem els Països Catalans perquè hi hagués un rei, Jaume I, que els conquerís. No són una reivindicació del passat; són una projecció de construcció de subjecte collectiu, mirant cap al futur. Pensem que tenim un substrat cultural, lingüístic i històric que ha fet que seguim militant juntes. I les meves companyes de l'esquerra independentista d'Alacant ho són igual que la gent de l'Alt Empordà. M'atreviria dir que potser admiro més les d'Alacant, perquè això sí que és trencar-se la cara cada dia.

És molt més difícil militar en l'independentisme a Alacant que a la Costa Brava - o que al meu poble Sallent. Per tant, no donarem l'esquena a les companyes de militància amb qui hem compartit la travessia pel desert durant anys. Intentarem conjuntament bastir un projecte de Països Catalans que plantegi de base un projecte clarament rupturista, anticapitalista, i que vinculi el dret a decidir amb un dret democràtic dels pobles, i només a això. Lluny d'entrar en competicions de qui és més ric, més guapo o qui hi era abans, al territori. Per a nosaltres això no té cap importància. Per això som les úniques que diem que en el dret a decidir hi hem d'incloure totes les persones que viuen al nostre país, independentment de la seva situació administrativa, del fet que tinguin papers o no, o que faci dos anys, cinc o un mes que hi viuen.

Sé que he anat molt ràpid i que m'he ventilat alguns temes pim-pam, però sé que segurament hi ha més interès a fer preguntes i aclariments. Moltes gràcies.

II

VOLEM AUTODETERMINAR-NOS PER CANVIAR-HO TOT

Extracte del discurs a l'acte polític de la Diada de 2013 organitzat a Barcelona per l'esquerra independentista.

Molt bon vespre a totes.

Us diria que és un luxe compartir escenari i parlament amb una persona com el David, un militant incansable i un periodista exemplar, i puntualment diputat. Però això segurament és el menys important. I també amb el Néstor, un sindicalista combatiu. Us diria que és un luxe i probablement és veritat.

Però deixeu-me que us confessi que el veritable luxe és tornar a compartir carrers amb vosaltres. Les imprescindibles, les incorruptibles, les que fa quaranta anys que surten al carrer l'Onze de Setembre. Vosaltres doneu sentit a les nostres intervencions. Gràcies una vegada més per tornar a fer possible un Onze de Setembre anticapitalista i que reivindica els Països Catalans.

Un any més tornem a sortir als carrers, i ja en van molts. Aquest any, amb un panorama gens afalagador. Necessitem, una vegada més, recórrer carrers de viles, pobles i ciutats escampant la veu, el compromís i el convenciment que el que ens cal és canviar-ho tot. Absolutament tot.

Han estat moltes, les persones acomiadades de les seves feines. Moltes, les estudiants que no han pogut pagar les matrícules universitàries. Moltes, les persones que han hagut de refer el camí de l'emigració perquè han perdut el treball i l'habitatge. Moltes, les persones que queden en llistes d'espera als terres dels hospitals. Moltes, les persones que pateixen cada dia perquè no saben com alimentar les seves filles. Moltes, les persones que han perdut les seves cases.

I això, en un moment de rescat bancari, de privatitzacions, de portes giratòries i de beneficis milionaris. D'això se'n diu saqueig, se'n diu robatori, se'n diu despossessió. Això fa vergonya, genera ràbia i genera odi. Per això sortim al carrer. L'Onze de Setembre, sí; però també el Primer de maig, el 8 de març, i també el 25 de novembre i el 31 de desembre, i el 25 d'abril. I cada dia que calgui.

El discurs pseudoesquerranós dels de sempre ens vol fer creure que un estat propi, *per se*, comporta que hi haurà polítiques socials. Madrid ens roba, i si ens deixa de robar, tindrem una Catalunya pròspera. Mentida. Un país només és pròsper si és lliure. Un estat propi no serveix de res «vegeu Grècia», si no és anticapitalista. Si no es fan polítiques anticapitalistes, no hi ha llibertat, sobirania ni estat que serveixi absolutament de res. La sobirania avui, per a nosaltres, té un nom i es diu socialisme.

També ens volen fer creure que el deute ve a ser com un instrument neutre; una cosa que genera el sistema financer. Mentida. El deute és una mesura de control del capital. El deute és l'ofegament persistent d'un sistema que ens asfixia, ens devora i ens assassina. I l'única resposta possible és no pagar el deute. Una vegada més, és una resposta anticapitalista a un deute il·legítim, immoral i que no hem generat les classes populars. Un no-pagament de deute, a més, que hem de poder fer amb una cosa que coneixem molt bé: l'internacionalisme.

Hem d'omplir de contingut l'internacionalisme en el qual fa tants anys que militem. Només amb una aliança de pobles lliures i desobedients amb el deute financer serem capaces de plantar cara a la Troica. Pobles d'Europa, pobles del món, units contra la Troica.

Sabem, també, que hi ha corruptes. I per què no parlem dels corruptors? Aquells empresaris, aquelles grans famílies catalanes. La gent de corbata, la gent de Liceu, la gent perfumada. Ells fan possible la corrupció. La corrupció no és un accident, una desviació. La corrupció és el sistema, forma part de la seva columna vertebral. I només amb un canvi de sistema podrem posar fi a aquesta màfia organitzada.

I amb tot això, és evident que no ens conformarem amb una segona transició. Alguns van comparar la manifestació de l'any passat de l'11-S amb la massiva manifestació de l'any 77. I sabem perfectament què ha suposat per a nosaltres la Transició a l'Estat espanyol. Va ser un pacte entre elits oligàrquiques. Va ser una acumulació de renúncies sindicals. Va ser l'esquarterament de la nostra nació. I una justícia franquista perpetuada. No volem una segona transició. Volem un procés de ruptura des de baix. Volem un referèndum com a procés, com a inici per canviar-ho tot.

Volem que sigui el poble qui desobeeixi; ens importa molt poc el que digui un parlament autonòmic. Volem que sigui el poble qui defineixi quin és el país on vol viure. No ens conformarem amb una nova cultura de transició que ens torni a deixar en la marginalitat política. Volem ser al centre i ser el subjecte polític que decideixi el futur del nostre país.

Volem autodeterminar-nos. De veritat. I també sobre el nostre cos. Per estimar quan vulguem, com vulguem; per parir quan vulguem i avortar quan ens doni la gana. La Llei contra l'homofòbia és un exemple de llei feta des de la base, des de la gent que fa temps que pateix la violència feixista a la seva pròpia pell. És aquest, el tipus de legislació que volem. Lleis que surtin des de baix, des de la gent que sap què és l'interès de la majoria. I si gosen retallar la Llei contra l'homofòbia, desobeirem. Per la Sònia, perquè s'ho mereix.

Perquè hauríem de poder convertir la desobediència en la nostra veritable font del dret, no com l'últim recurs, quan no ens en queden d'altres. La desobediència ha de ser la forma d'articulació de les lleis del sistema que generi el poble, que generem des de baix. El nostre límit no serà mai la llei; el nostre límit és la raó, perquè en tenim.

Per tot això, un cop més reivindiquem la construcció de la unitat popular com l'únic espai polític capaç de socialitzar de nou la riquesa col·lectiva. Sobretot, perquè ens trobem en un moment, també, en què cal assumir que vosaltres, nosaltres, som la darrera trinxera política de dignitat col·lectiva. Som l'últim espai polític capaç de dibuixar un futur lloable per a aquest país.

Per tant, companyes: entusiasme, organització, intel·ligència. Ho necessitarem tot per fer front als seus pactes secrets, que no són propis de gent que pretén fer-nos creure que volen un país lliure.

Desobeirem també davant les seves reunions en sales de catifes polides, davant les seves caretes, les seves comissions i els seus pactes nacionals. Desobeirem davant dels pactes que vulguin fer amb l'Estat. Ens oposarem a pactar amb els sobiranistes ocasionals. No pactarem amb el PP ni amb el PSOE, ni tampoc amb una CiU i una ERC mesella i liberal.

Tenim el repte de construir uns Països Catalans, un projecte de ruptura amb l'Estat. Fer que els Països Catalans siguin un vector cultural i lingüístic que ens empenyi cap a un projecte polític propi. Només la idea de Països Catalans aglutina la ruptura total, amb tot, i la possibilitat de canviar-ho tot. No cedirem ni un pam de terra. No farem cap seguiment acrític, no deixarem de mobilitzar-nos ni de desobeir.

Ens trobarem als casals, als ateneus, per reforçar també des d'allà el país. Ens trobarem a les aturades de desnonaments. A la Ciutat de la Justícia, quan detenen les nostres companyes. El 25 de setembre, plantant cara als pro vida, als feixistes que volen ofegar els nostres ovaris amb els seus rosaris. Ens trobarem el 28 de setembre, una vegada més, reivindicant un avortament lliure i gratuït. Ens trobarem ocupant rectorats d'unes universitats infames. I ens trobarem a Vic, al carrer de Guillem Agulló. A Burjassot, homenatjant Estellés. A Felanitx, a xiular les seves autoritats corruptes. Ens trobarem a Palma, a València i a Perpinyà. Ens trobarem a casa nostra.

Dediquem-ho a Allende, perquè la història és nostra i la fan els pobles.

Visca la unitat popular, i visca vosaltres, perquè sou les tres voltes rebels.

Visca la terra!

III

SOM LLUITA I SOM ESPERANÇA

Extracte del discurs a l'acte polític de la Diada de 2015 organitzat a Barcelona per l'Esquerra Independentista.

Bon vespre a totes.

Cada vegada es fa més difícil pujar en aquest escenari. La immensitat de les companyes enlluerna una mica. Moltes gràcies, Georgina, Isabel, per tot. Però sobretot aclapara pujar en aquest escenari perquè és evident que les que pugem aquí dalt no som res sense vosaltres. Tot el que us puguem dir és perquè ho hem après de vosaltres. No som res de manera aïllada, ho som només de manera organitzada.

Un nou Onze de Setembre ens tornem a trobar aquí, vora el Fossar, fossa comuna de moltes de les persones que van lluitar contra les tropes borbòniques. Igual que el 25 d'abril, que el 9 d'octubre, el 7 de novembre o el 31 de desembre, l'11 de setembre celebrem jornades de lluita, però també, i sobretot, de memòria.

La memòria és un múscul que convé exercitar. Necessitem recordar d'on venim. Saber d'on venim ens permet dibuixar projectes col·lectius, aquí i ara, mirar cap al futur i tirar cap endavant. Amb tota aquella gent que ho vulgui, independentment d'on hagin nascut elles, els seus pares o les seves àvies. Independentment de si fa molt o poc que són als Països Catalans. I evidentment, independentment de si tenen papers o no els en deixen tenir.

L'Onze de Setembre és un exercici de memòria per l'ahir, per recordar aquelles que abans que nosaltres ens han precedit. Per la justícia i la llibertat. Deia l'August[1] que al principi de tot hi ha la guerra. I ara que el fantasma del feixisme campa per Europa, no podem oblidar els Països Catalans rebels, els del «No passaran». Els de les barricades llibertàries. Aquests són els nostres Països Catalans.

Com deien les companyes de Pego, els d'aquells homes i dones que només tenien les mans per dur avant la casa, que buscaven feina tots els matins a la plaça. I passava que els que estaven al sindicat els escopien a la cara, i els seus fills tenien fam. Els d'aquells homes i dones que van ajuntar les mans i van plantar cara. Els d'aquells obrers i obreres que el gener del 32 van proclamar el comunisme llibertari a l'alt Llobregat i a Sollana, a la Ribera Baixa. Els dels decrets de col·lectivitzacions de l'any 36 que van legalitzar el control obrer i popular. Els de l'escola republicana, que sembrà les llavors d'un futur que no va poder ser. Els dels obrers que aquell 18 de juliol del 36 lluitaren als nostres carrers contra el feixisme, obrint pas malgrat la guerra, a la revolució social, a la màxima llibertat política que mai no ha assolit aquest país.

Les companyes de la CNT, que l'11 de setembre del 36 manifestaven: «*Los catalanes de antaño peleaban en defensa de sus fueros tradicionales, de sus anhelos autonómicos; y nosotros, los de hoy, damos el alma y la vida defendiendo esa misma*

1. Es refereix a August Gil Matamala, del qual s'ha publicat la biografia. David Fernández i Anna Gabriel, *Al principi de tot hi ha la guerra* (València: Sembra Llibres, 2017). (N de l'ed.)

libertad, esos mismos anhelos y los mismos derechos ciudadanos que la canalla fascista, la más sanguinaria y cruel que registra la historia, ha intentado destrozar bajo sus pezuñas. La lucha es otra, pero el pueblo es el de siempre. Aunque con una medida más ambiciosa, con una mentalidad no revoltosa, pero revolucionaria. Profundamente revolucionaria». I acabaven dient: «*Proletarios, ¡viva la unión de los trabajadores, viva la alianza revolucionaria y viva Cataluña!*».

Tota aquesta gent, la millor generació de lluitadores i intel·lectuals. Mortes. Condemnades a l'amargor de la derrota i la desesperació. Tortures. Camps de concentració. Presons franquistes. Les que aquell març del 39 marxaren a l'exili pels Pirineus o pels molls d'Alacant. Algunes continuaren la lluita contra el feixisme al maquis, a la clandestinitat. Altres passaren a la resistència. A aquella llarga guerra contra una de les maquinàries més criminals de la història, l'Alemanya nazi. Un record aquí, avui, per les nostres heroïnes. Aquelles lluitadores anònimes, socialistes, republicanes comunistes, anarquistes; a elles, el nostre millor homenatge.

Diuen que venim d'un silenci molt antic i molt llarg. Vingueren anys foscos. Repressió, tortura, exili i mort. Por. Silenci. Tremolors. Malsons. Algunes mai oblidaren els brogits dels bombardejos. Algunes, com la Teresa, es tornaren boges. D'altres, com la Tomasa[2], arran de les tortures, mai pogueren tenir fills. La millor generació de la història, la més generosa, la més entregada, destruïda per sempre.

Però mai resignades i sempre tossudes, rebrotaren noves i velles organitzacions de lluita. De nou, comunistes,

2. Es refereix a Tomasa Cuevas, militant comunista detinguda i empresonada en dues ocasions, torturada pels tristament cèlebres germans Creix, i autora de *Cárcel de mujeres* (Barcelona: Edicions Sirocco, 1985) , testimoni sobre les dones a les presons franquistes. (N de l'ed.)

anarquistes, independentistes, sindicats i moviments veïnals, feministes, per la cultura i festes populars, de recuperació de la llengua catalana, lluitant contra prohibicions perquè tot estava prohibit. Per uns barris dignes; per coses tan elementals com el clavegueram, la salut, l'escola; contra la repressió policial i militar, per l'amnistia de les preses polítiques. Lluitadores anònimes també que patiren tortures per defensar els seus llocs de treball i els de les seves companyes. Aquelles que segrestaren autobusos per garantir un transport públic. Aquelles dones que s'organitzaren a les vocalies de dones per poder recuperar la llibertat sobre el seu propi cos, que permeteren que moltes altres poguessin avortar de manera clandestina. Els que moriren assassinats a les comissaries, a les presons franquistes, i a les postfranquistes també, com l'Agustín Rueda, de Sallent.

Però de nou, la derrota. Totes aquestes lluites foren traïdes per les cúpules d'uns partits i d'uns sindicats que renunciaren a la ruptura i apostaren pel pacte. I ara que ens trobem en temps de canvis, ruptures i constituents, és bo que recordem aquell moment. Molts dels que parlaren de ruptura van acabar apostant per la reforma. Els que deien «*de entrada, no*» sabien que seria que sí. I els que existien gràcies al que havia estat el moviment obrer decidien amnistiar els franquistes responsables de les tortures dels mateixos obrers. Reforma brillant del franquisme, a la qual anomenaren Transició.

I és important recordar, ara que qui més qui menys parla de superar el règim del 78, ara que fins i tot des del regionalisme conservador es parla de processos constituents i de noves constitucions, d'autogovern i alguns fins i tot de sobirania i independència, és bo recordar, deia, quines són les regles del joc que van fixar en aquest pacte del 78.

Constitució com a regla suprema i inviolable, excepte quan es pot reformar amb nocturnitat i traïdoria per imposar el pagament del deute per davant de qualsevol altra necessitat social. Més enllà dels governs de torn, la Troica serà la que manarà de debò.

La llibertat de premsa serà la garantia que la ideologia de les classes dominants seguirà sent la dominant de la societat. Com deia Malcom X, si no esteu previnguts, els mitjans de comunicació us faran estimar els opressors i us faran odiar els oprimits.

Els Països Catalans no existeixen, perquè ho diu la Constitució. Perquè només Espanya és una nació, perquè és indivisible, l'exèrcit n'és el garant i la dinastia borbònica, els seus caps d'estat.

La propietat privada és sagrada, igual que la família i el mercat lliure. La classe treballadora s'ha de comprometre a la pau social a canvi d'alimentar els sindicats majoritaris, els que aposten per la concertació i desmobilització, que aïllen i abandonen les treballadores que ens neguem a acceptar aquesta pau.

Els drets socials, com el pa, el sostre o el treball, no estaran garantits per llei. El que sí que estarà garantit és el dret d'uns pocs a acumular riqueses a costa de molts.

Qualsevol espai de la nostra vida quotidiana pot generar beneficis i ser privatitzat. Per això es pot fer negoci de la salut, de l'educació o de les pensions: la sanitat, en mans de les grans corporacions hospitalàries; l'educació, en mans de l'Església catòlica, i les pensions, en mans de les grans companyies asseguradores.

El dret al propi cos no existeix. L'Espanya del 2015, com l'Espanya del 78, continua sent l'Espanya dels Reis Catòlics, de la Santa Inquisició, en què és possible aprovar una llei contra l'avortament com la que s'ha aprovat recentment.

I finalment, el més important: heu de ser obedients i submises. No vulgueu sortir mai del ramat. Sigueu normals. Serioses a la feina. Assumiu els valors europeus, occidentals i *democràtics*. Sigueu receloses de la gent que té un altre color de pell. Tingueu por. I confieu en les forces de l'ordre. Si detenen algú, penseu que alguna cosa deu haver fet. I sobretot, consumiu, que en això consisteix la llibertat que tant ens ha costat assolir, als europeus.

Però resulta que som lluita i som esperança, i som unitat popular. I per a cadascuna d'aquestes lleis que ens imposen, nosaltres tenim una alternativa. Per a cada norma, per a cada límit, nosaltres tenim organització i lluita.

Contra la seva constitució, només hi oposem la sobirania del poble català. De Salses a Guardamar, de Fraga a Maó. Perquè som Països Catalans.

Perquè davant del seu imperi de la llei, nosaltres proclamem que la desobediència és un instrument legítim. Perquè a la UE, al BCE, al Fons Monetari Internacional els diem que no ens sotmetrem als seus dictats. Que no tenim por de viure al marge del sistema. El que ens fa veritable terror és continuar vivint en aquest sistema.

Davant dels poders dels mitjans tenim *L'Accent*, tenim *La Directa*, tenim Tigre de Paper i tots els instruments de comunicació popular que permeten explicar la realitat des de baix.

Perquè tot és de totes, i ningú no té el dret d'apropiar-se d'allò que és de totes. I els mitjans de producció i reproducció, allò que permet produir el que necessitem per viure les nostres vides, no poden ser privatitzats i no poden ser objecte de mercadeig ni d'especulació. Les nostres vides no són un negoci.

Contra els que volen segrestar les nostres vides i els nostres cossos, desobediència feminista. Estimem i estimarem com vulguem, quan vulguem i a qui vulguem. Ni ministres homòfobs, ni patriarques de cap religió poden dictar què fer amb els nostres cossos. I perquè com més ens vulguin aïllar, com més alienades ens vulguin, més ateneus i més casals populars,més espais de socialització, més espais de producció contra l'hegemonia. Més COS, més Arran, més Alertes Solidàries i més esquerra independentista.

I no només tenim l'organització, la lluita i les alternatives. Sobretot tenim una cosa que és molt important. Tenim la certesa que sense tot, ens quedarem amb res. Sabem que les renúncies com a punt de partida són derrotes irreversibles.

Sabem que els discursos simples i simplistes compten sovint amb la complicitat de la ignorància i del cinisme. Sabem que deixar per a més endavant determinats debats comporta desarmar-nos en un moment en què ells ens estan guanyant. Sabem que demanar-ho tot, voler la independència per canviar-ho tot, no és un caprici, un dogma sacramental; és l'única garantia d'una independència real.

Sabem com van lluitar les que ens van precedir. Sabem també com responen els poderosos quan el poder popular s'organitza i els pren els privilegis. De fet, sabem bastantes coses més del que alguns volen fer creure. Per això ens apaguen, ens silencien i ens amaguen.

Fem, doncs, que les properes setmanes arribem fins a tots els racons possibles, per ensenyar el món nou que portem en els nostres cors. Fem que coneguin la nostra memòria, els nostres homenatges, però també el nostre present i el nostre futur.

Fins a la victòria, per les antifeixistes! Visca la terra!

IV

GOVERNEM-NOS ÉS LA VOLUNTAT DE NO SER MAI MÉS ESCLAVES DELS PODEROSOS

Extracte de la intervenció a l'acte de final de la campanya de la CUP-CC *per les eleccions anomenades plebiscitàries del 27 de setembre de 2015, celebrat a Badalona dos dies abans dels comicis.*

Bon vespre, Badalona. Bon vespre, Països Catalans.

En primer lloc, de cor, i en nom de totes, moltes gràcies a tothom. A les que heu fet possible més de quatre-cents actes de campanya. Als milers de mans que han escampat el «Governem-nos» arreu del país. A totes les persones que han vingut, que heu vingut, que ens heu donat suport, que ens heu animat i encoratjat. A les joves que ens han transmès molta força. Als que han manifestat que era la primera vegada que venien als nostres actes, però amb qui hem acabat abraçant-nos com si ens coneguéssim de sempre. A les àvies, a la gent gran, que demostren que la tenacitat i la valentia no caduquen. Que també volen canviar-ho tot. A les companyes dels mitjans de comunicació, a qui no deixen fer la seva feina amb els maleïts blocs electorals que no permeten informar. Que és un pacte entre partits, entre els grans. Gràcies també a Badalona per acollir-nos avui, per deixar-nos portar una mica de color a aquesta ciutat.

Per tancar la grisor de temps passats. Salutacions sinceres al nou equip de govern de Badalona, i sobretot, als badalonins i les badalonines, que vau dir prou al racisme, que vau dir prou a l'espanyolisme ranci.

Han estat dies de debats, d'emocions, de cridar i de preguntes, de respostes, de molts quilòmetres i de molta expectació. Han estat dies en què la CUP - Crida Constituent, amb la motxilla del millor bagatge que ens ha ensenyat el municipalisme, amb el regal d'aquests tres anys al Parlament, però amb el motor real que sou la gent, hem estès la nostra proposta política arreu del país. Una proposta excepcional, per a un moment que també és excepcional. «Governem-nos» és la cita ineludible amb la llibertat d'aquest poble. «Governem-nos» és compromís, és fermesa, i és determinació cap a la independència. És convocar-nos a la dignitat col·lectiva. És guanyar de manera definitiva el contenciós que tenim amb l'Estat espanyol des de fa tants i tants anys. És mantenir-nos dempeus, fermes, decidides, cap allà on hem volgut anar sempre. Cap a un país lliure. És sobretot una cosa: l'expressió de l'independentisme que no té por. Que desafia les amenaces dels poderosos, però que tampoc accepta el que ens deien alguns ahir des de Fontajau, des de Girona, fent veure que nosaltres podem ser un problema per a l'independentisme. Com s'hi atreveixen? Si som els que fa quaranta anys que ens manifestem l'Onze de Setembre! Som la gent jutjada i condemnada per no anar al servei militar de l'exèrcit espanyol. Som les que ens han portat a l'Audiència Nacional per cremar la monarquia. Som els nostres municipis, els nostres casals, els nostres ateneus, les nostres cooperatives, els nostres Correllengües, les nostres universitats, els nostres sindicats. Les que defensem la llengua, les que defensem la terra i defensem la llibertat. Per tant, és hora de cridar alt i ben fort que si hi ha una garantia, una autèntica garantia d'haver treballat i de treballar de manera incansable per la independència, la garantia es diu CUP - Crida Constituent.

He de dir una cosa important. Senyor Artur Mas, senyors de Convergència Democràtica de Catalunya, els que heu gestionat fins ara l'autonomisme, si hi ha algú que ens ha de demostrar que treballarà veritablement per la independència sense dilacions i sense partidismes són vostès, no nosaltres. Si hi ha algú que ha de demostrar que no ens conformarem amb pactes fiscals, que no volem una trista reforma del règim del 78; si hi ha algú que ha de demostrar que les eleccions espanyoles ja no ens interessen, perquè aquest camí és irreversible, són vostès, i no nosaltres. Si hi ha algú que ha de demostrar que ha d'aclarir si està al costat dels interessos dels bancs o dels interessos de la gent, són vostès, i no nosaltres. I si hi ha algú que ha de demostrar que a partir del dia 27 posarà fi a les retallades, a les privatitzacions; abolirà el projecte de Barcelona World, i farà fora les nuclears del nostre país, són vostès, i no nosaltres. Perquè, a més a més, el nostre objectiu i compromís va molt més enllà del 27-S. Votarem independència, però arribarem fins al final. Fins a la llibertat completa dels Països Catalans, fins a la transformació radical d'aquesta societat, d'aquest sistema capitalista i del patriarcat.

Creiem, humilment, que, per tot això, els milers de persones que ens donaran suport aquest diumenge no mereixen ser qualificades com un problema per a la independència. Són, aquestes persones som, nosaltres som, gent normal, gent treballadora, gent honesta, i votarem la CUP per convenciment. Amb il·lusió, amb molta esperança, perquè votarem independència alhora que votarem també en contra de la pobresa, en contra dels feminicidis; votarem un país lliure, però també el volem digne i sobirà. «Governem-nos» és també la voluntat de no ser mai més esclaves dels poderosos. Volem treball per a tothom; volem acabar amb la pobresa, la gana, els desnonaments. Posar els recursos allà on han de ser, no posar-los als rescats bancaris ni tampoc als comptes corrents ni a les butxaques dels evasors fiscals. Volem prioritzar les despeses segons les nostres prioritats, les de les classes populars. Que els rics deixin de ser-ho, que ho són molt. Que ho són escandalosament. Volem perseguir el frau fiscal, posar fi a la corrupció, deixar d'indultar mafiosos, treure les urpes de les multinacionals de les nostres aigües i dels nostres rius. Que la llum, l'aigua, el sostre i el pa siguin drets fonamentals.

Creiem també, humilment, que no demanem l'impossible. Només demanem que els banquers, la Troica, els senyors de les guerres, de les estafes, dels sobres, de les targetes, els senyors del 3 %, els de les retallades i les privatitzacions deixin de fer-nos la vida impossible. «Governem-nos» és també demanar i exercir democràcia quotidiana. És voler un procés constituent popular, que reculli la voluntat existent de decidir sobre tot allò que afecta les nostres vides. És obrir de bat a bat l'oportunitat per fer que totes siguem protagonistes d'aquesta nova República catalana. Votar la CUP - Crida Constituent és sentir-nos hereus d'aquelles republicanes a qui va vèncer el feixisme, però a qui mai, mai, mai, van aconseguir derrotar.

Que nosaltres demà no necessitem reflexionar, que ho fem des de fa segles. Per tant, demà ens trobem a Palma, a Xàtiva, a Fraga, a Perpinyà; ens trobem a casa nostra. Ens veiem el 27-S a les urnes, votant ruptura amb l'Estat espanyol, votant ruptura amb la Troica, votant ruptura amb el patriarcat. Ens veiem el 28-S als carrers per un avortament lliure i gratuït. Construint. Construint la República catalana dels Països Catalans, la república dels iguals, la república que ens mereixem.

Visca la terra!

Visca la unitat popular!

V

QUE CAP DONA DUBTI MAI A DEDICAR-SE AL QUE VULGUI PER POR DE SER INSULTADA

Extracte de la intervenció en una xerrada organitzada per Emakume Internazionalistak a Iruñea l'11 de març de 2016.

Intentaré explicar-vos algunes coses, i intentaré que a partir del diàleg hi hagi preguntes o comentaris, crítiques o el que us vingui de gust. En primer lloc, voldria agrair que s'organitzi l'acte, que hàgiu vingut. Crec que era un dels objectius que teníem quan volíem contestar a la campanya d'insults[1]. Volíem llançar un missatge de resposta: dir que no només que no ens heu insultat, perquè no insulta qui vol, sinó qui pot, i que no només no ens n'anirem a casa, perquè no ens heu aconseguit doblegar o subordinar sinó que evidentment seguirem sent, si és possible, més irreverents encara. Hem vingut per quedar-nos, per fer política. I a més, hem vingut a fer política de la de veritat, o sigui, d'estar als llocs on es prenen les decisions. A vegades diem que no hem vingut a donar color a la bancada de l'arc parlamentari. No hem vingut a donar aire de dona, sinó que

1. Anna Gabriel parla dels insults masclistes que van rebre les diputades de la CUP-CC en el context del debat de investidura posterior a les eleccions del 27 de setembre de 2015. (N. de l'ed.)

hem vingut a fer política, i per tant, a fer-la amb totes les conseqüències.

Però no es tractava del que ens pogués impactar a nosaltres, a títol personal, en la campanya, sinó que el que es pretenia era justament que es prengués consciència del món en què vivim, també en l'esfera de la política institucional. I es tractava, sobretot, que cap dona, cap nena, cap jove no es quedés amb la idea que si volia, per exemple, fer política, no en faria perquè podia comportar que fos insultada. Crec que hem de capgirar aquests insults, i hem d'aprofitar aquestes trobades i xerrades tant com puguem per intentar llançar un missatge de fortalesa. Per a aquelles que potser s'imaginen que un dia els agradaria –per què no– ser diputades –que tampoc és que sigui gaire divertit, però a alguna li pot passar pel cap voler-ho–, entre totes hem de fer que sigui possible fer-ho des del feminisme, des de les dones; per tant, hem de respondre a aquesta campanya d'insults dient que no ens heu afectat a nosaltres, però és que no heu afectat cap dona. Ens encarregarem entre totes que no hi hagi una sola nena, una sola jove, una sola dona, que es faci enrere a l'hora de fer el que vulgui fer. Per tant, gràcies per organitzar l'acte, que permet que posem això a l'agenda política i puguem omplir sales parlant de feminisme. No s'omplen sales parlant de masclisme o d'insults, que tenen les seves plataformes de difusió, els seus opinadors, els seus articulistes i demés..

A part de donar les gràcies, i aprofitant que som en un àmbit que toca molt i vol l'internacionalisme, també hem de començar sent molt conscients que, al final, rebre una campanya d'insults pot ser –i dit així pot quedar estrany– una de les millors coses que et pot passar, perquè ets una dona en aquest planeta que s'atreveix a fer coses. No hem d'oblidar que hi ha moltes dones en moltes parts d'aquest món que són torturades i assassinades, o que tenen una família que està reprimida o perseguida, que està amenaçada amenaçada. Nenes i dones a les quals es lapida; algunes, perquè volen anar a l'escola; d'altres, perquè es volen separar del seu marit; d'altres, perquè decideixen defensar les seves idees, el que pensen, i això els mereix presó i repressió. Per tant, justament perquè nosaltres no estem encara en aquesta lògica, i no se'ns tortura ni empresona, i només se'ns ha insultat –que s'entengui el «només» amb moltes cometes–, per això justament hem de fer, si és possible, un doble esforç. Per tant, no hem de parlar només de la campanya masclista d'insults, sinó sobretot posar sobre la taula –no fos cas que a algú se li oblidi– que a tot arreu del món tenim moltíssimes dones que pateixen moltíssim per fer política i per intentar viure la seva vida quotidiana amb una mica de dignitat.

Dit això, i amb aquest reconeixement des de la lògica internacionalista, volem dir que la CUP - Crida Constituent, quan venim a un lloc com Iruña, Euskal Herria, ho fem amb molta humilitat. Nosaltres, com a espai polític, la veritat és que no som exemple d'haver tingut unes polítiques feministes que arranquin de gaire anys enrere. Prefereixo ser honesta en aquest camp. Nosaltres, ara mateix, internament per exemple, no tenim un pla d'actuació feminista, ni tan sols d'igualtat. No tenim un sistema intern de quotes; tenim un sol òrgan, el Secretariat Nacional, en què es diu que, com a mínim, hi hagi les mateixes dones que en l'àmbit militant. En aquest moment tenim un 64 % d'homes militants i un 35 % de dones militants. Per tant, tenim un únic òrgan que estaria obligat a tenir aquest 35 % de presència de dones. Tenim tres dones alcaldesses de la

CUP, i disset alcaldes homes. Tenim un 61 % de consellers homes i un 38 % de dones. Vam començar amb un grup parlamentari que tenia tres dones diputades, i set homes diputats. Dels quatre caps de llista que van concórrer a les eleccions del 27-S, tots quatre eren homes; no hi havia cap dona. Creiem que, prèviament, hem de fer aquesta carta de presentació, que pot sonar una mica freda pel que fa a dades, però que és una radiografia una mica justa de la realitat de la CUP. Ens queda moltíssim camí per recórrer.

Crec que en l'origen dels moviments d'alliberament nacional –cadascun amb la seva realitat i lògica, també el català– es va decidir fer indissoluble el binomi d'alliberament nacional i alliberament social. Però ni en l'aspecte nacional ni en l'aspecte social hi havia la qüestió de gènere. Segurament, com que la memòria i el passat pesen, encara arrosseguem aquell oblit que es produeix sempre amb el feminisme. És allò que sempre pot quedar per al final. Primer ve la independència; després acostuma a venir el socialisme, i després, si de cas ens queden ganes i energies, ja vindrà el feminisme. Ens trobem en aquesta lògica, però també vull fer un reconeixement al moviment juvenil independentista català, perquè han estat justament les joves, les que han agafat el feminisme i l'han incorporat en les seves organitzacions com una peça clau de les seves columnes vertebrals. Aquestes joves, que es reivindiquen al marge del poder adult que exercim algunes –que som adultes, per a elles–, han posat en el punt de mira la qüestió de l'autodefensa feminista, dels grups no mixtos, de la paritat en tots els seus òrgans i aparicions, i ens han posat un mirall davant per dir-nos que les joves pugen així. Un reconeixement a l'agenda feminista de les joves, que crec que també ha fet que altres organitzacions de l'esquerra independentista ens sentim interpel·lades per veure quin exemple ens donen les joves que pugen.

A més, pot passar també –i no ho dic com a justificació, sinó potser com a explicació– que el feminisme autònom, aquest feminisme format, seriós, rigorós, intransigent, al qual no li ve de gust haver-se de justificar contínuament, sinó que li ve de gust anar creixent i expandint-se, sense eliminar els obstacles que tenim en els nostres espais polítics, no aposta per formar part d'unes organitzacions polítiques que veuen que no tenen resolt el tema del patriarcat, o en les quals aquest tema no va més enllà del discurs o d'un cert relat. Per tant, trobem a faltar que moltes feministes vinguin a espais que no són netament feministes. No és un retret; és que, amb més feministes a les nostres organitzacions, potser aniríem més ràpid en aquest assoliment d'una agenda feminista interna. Hi insisteixo: no és un retret; puc entendre perfectament la mandra que fa tenir determinades discussions amb alguns companys i, a vegades, amb algunes companyes. Però en els moviments d'alliberament nacional, potser aquesta absència del feminisme com a primera aposta de militància de moltes companyes feministes també explica la situació en què ens trobem.De tota manera, en aquests moments, per a les joves –perquè a Catalunya ens trobem en un moment en què ens plantegem canviar tot el que puguem, perquè som a les portes d'un procés constituent– sí que és veritat que l'agenda feminista està agafant una certa rellevància. Per exemple, per primer cop tenim un grup de treball del municipalisme, de les companyes i companys alcaldes i consellers, governin o no, que coordinen i articulen les polítiques d'igualtat i feministes que es poden fer als diferents ajuntaments. Ja tenim experiències interessants en el camp de possibilitar l'avortament lliure de les menors de divuit anys. També s'estan articulant protocols interessants de prevenció de violència sexista en el context de festes populars. Es fa feina interessant de desplegament de la Llei contra la LGTBIfòbia que es va aprovar al Parlament. Tenim un embrió de treball en el camp municipalista que pot ser interessant i que, d'alguna manera, dibuixa que també als ajuntaments hi hagi companys i companyes que entenguin que aquesta feina ha de tenir una centralitat.

En l'àmbit parlamentari, o de la política del Principat, que no vol dir nacional - sabeu que la nostra nació és més alta i ampla del que és el Principat - intentem també que el feminisme determini en la mesura del possible el que volem que sigui aquest procés constituent. Un procés constituent que volem fer de base. Vam dir que no volíem emular la Constitució del 78, que es va fer en una sala, a porta tancada, amb dotze senyors que fumaven puros i que tenien uns militars al costat escoltant-los. Sembla que els juristes, els que saben de cartes magnes, són sempre homes. I vam dir que no volíem aquest model, que volíem un procés constituent popular, de base, en què totes i cada una de les persones es puguessin sentir partícips dels debats que han d'acompanyar l'elaboració d'una constitució d'un país que neix de nou.Aquest fòrum social constituent, aquesta agenda de participació i deliberació, però també de decisió, que volem que es dugui a terme a través d'un multireferèndum en el qual la gent es pugui expressar en els eixos d'aquesta nova constitució, que vinculi els poders constituents que s'han d'articular després d'aquest període, entenem que hauria d'estar configurat per un reflex del que és la societat. Sabem que tenim un 50 % de la població que som dones, i entenem que, en aquest procés, estaria molt bé que tots els àmbits de deliberació, discussió i decisió tinguessin també aquesta mateixa configuració. Per tant, estaria molt bé que superéssim la lògica de les quotes –que afortunadament tenim a les concurrències electorals; si no, les dades serien pitjors i tot. Volem que aquesta lògica de quotes es vegi superada en aquest procés constituent i que puguem anar més enllà en la composició d'aquests àmbits de decisió i deliberació que entenem que han d'acompanyar aquest procés constituent.

També entenem, i ho hem dit públicament, que aquest procés constituent no hauria de començar deixant ningú al marge. En aquest moment estem deixant de banda moltes de les dones que hi podrien ser: totes les dones que no hi són perquè les han matat. Per tant, comptador a zero, i no perquè vagi sumant, sinó que el número es quedi a zero, de feminicidis. Volem un procés constituent en el qual totes puguin participar. I perquè totes hi puguin participar les necessitem vives. Per tant, una ofensiva en el camp de la prevenció de la violència i dels feminicidis ha de ser també la primera porta que obri aquest procés constituent, perquè no hi hagi cap exclusió.

Òbviament, quan diem això, i diem públicament que volem que es posi el comptador de feminicidis a zero, o que entenem que el feminisme ha de determinar el procés constituent, comencen a sortir veus dient «Ja hi som! Els de la CUP posant pals a les rodes del procés d'independència». Però, a veure, el que serà important no és que tirem endavant aquests divuit mesos amb la desconnexió de l'Estat espanyol, que no ho compliquem tant d'inici. Justament nosaltres creiem que les garanties de ruptura amb l'Estat espanyol seran més i més fortes si comencem a fer determinades coses des de ja, des de l'inici, i no ajornem cap tipus d'agenda. Per tant, d'alguna manera aquestes idees exposades fins ara poden servir d'avantsala per explicar el que han estat aquests tres mesos, i el motiu pel qual se'ns ha insultat tant.Nosaltres diem que volem la independència per canviar-ho tot, i que canviar-ho tot vol dir de manera preeminent canviar un sistema econòmic que coneixem com a absolutament injust. Un sistema econòmic, el capitalista, que no s'entén sense la seva columna vertebral patriarcal. No s'entén sense aquest exèrcit de dones a qui es reserva un tipus de feina, sobretot el de cures en la lògica domèstica. Només amb aquest exèrcit de dones el sistema capitalista funciona. L'exèrcit de treballadors homes surt a produir, i només des d'allà es pot produir l'acumulació de capital, que és el que pretén aquest sistema.

No ens podem presentar com a anticapitalistes si no fem aquesta anàlisi, sinó situem en l'anàlisi de l'acumulació de capital el paper que té el patriarcat en aquesta lògica. Per tant, independència per canviar-ho tot, anticapitalisme com a resposta a un sistema econòmic que volem canviar d'arrel; per tant, feminisme com a única resposta també a aquesta voluntat, com a única recepta per a aquest futur que volem construir, per a aquesta República catalana que volem netament diferent.

No és que vinguem a posar pals a les rodes, és que per algun motiu hem decidit anar a l'arrel dels problemes, i analitzar-los amb totes les nostres limitacions, però amb tota la profunditat de què som capaces. I no entenem que una independència sigui possible sense el control popular dels recursos naturals i estratègics. No entenem que es pugui parlar d'independència amb una submissió a la UE i a l'euro. No entenem que es pugui parlar d'independència si no tenim amplis camps de sobirania alimentària, cultural, educativa, territorial, lingüística. Per tant, tenim un espectre de sobiranies per recuperar, d'independències per construir la independència majúscula; una agenda feminista com l'única capaç d'explicar la lògica del capitalisme, i una agenda feminista, per tant, que és l'única capaç d'articular l'alternativa de capitalisme que volem construir i, al nostre entendre, la independència de veritat. L'única possible, la que val la pena, la que impugna en la seva totalitat el règim del 78.No hem vingut a posar pegats ni a fer una reforma socialdemòcrata de la situació actual. No hem vingut a copiar un estat com l'espanyol o el francès. No ens interessa l'Europa que expulsa les refugiades, no ens interessa l'Europa de les desigualtats. No ens interessa l'Europa que té en els seus aliats internacionals els règims més genocides del món, els que més inverteixen en guerres i els que més apartheids tenen al seu interior. Ens interessa mirar cap a altres llocs del món, que, potser sí, són més pobres. Potser sí, amb menys poder en les institucions internacionals, però amb moltíssima dignitat acumulada, amb lògiques de resistència que venen de molt lluny, i que tenen molt a dir-nos a totes sobre la lògica de la descolonització i tot el que ens queda per fer aquí, per pensar-nos menys blanques, menys del nord i menys homogènies.

Dit així, ràpidament i malament, és el que hem vingut a plantejar aquests tres mesos. Ha costat molt que puguem explicar-nos amb deteniment; potser la política està massa acostumada a un reduccionisme simplista que ha de concentrar els missatges polítics en un titular, o en un tuit de cent quaranta caràcters. Allà hi cap poca cosa, i en aquesta poca cosa s'imposa el pensament únic: que sempre hi càpiga el mateix. Per tant, ens hem hagut de veure, aquests tres mesos, discutint només sobre qui presidiria la Generalitat de Catalunya.

I resulta que nosaltres teníem una agenda de debat que inundava les taules. Volíem parlar d'aquesta concepció d'independència, del paper que reservaríem a la desobediència. I volíem parlar de què era, és i volem que sigui el Tribunal Constitucional. I volíem parlar de sanitat, de quin model volem per a aquests mesos i per al país que volem construir amb unes bases noves. Volíem parlar d'educació, i ens interessava moltíssim l'educació pública, però també moltíssim els diners que donem a l'educació privada, aquesta educació que, en bona part –no tota–, encara segrega per gènere a les aules; que té, a més un ideari religiós que no sé per quin motiu no se'n diu integrista. Deu ser perquè no està ubicat en un país del sud, però al nostre entendre ho és igual. Volíem parlar d'aquest procés constituent, que volíem que fos de base i popular. Teníem moltes ganes de compartir com ho faríem per convidar els que no senten independentistes, els que encara no veuen en la ruptura amb l'Estat espanyol una oportunitat de res, a participar en aquest projecte polític. Enteníem que era necessari, interessant i segurament molt motivador per a les que no hem viscut cap procés constituent. Cap de nosaltres, de fet, perquè el del 78 no va ser un procés constituent. Generacions senceres de dones i homes que no saben què és un procés constituent, i que podríem tenir l'oportunitat de dibuixar-lo conjuntament. Per tant, volíem que no s'adrecés només als independentistes: tots convidats a discutir si el futur país ha de tenir exèrcit o no. O quin paper volem reservar al deute: copiarem el 135 de la Constitució espanyola, o tenim una oportunitat per debatre quin paper tenen els bancs i les entitats financeres? Volem seguir pagant aquest deute o entenem que podem forjar aquesta república amb unes bases que qüestionin el privilegi d'aquestes entitats financeres?Crèiem que, aquests mesos, era el moment de parlar de tot això. Però ens vam trobar, potser, un agent polític amb molta més experiència que nosaltres. Gent que fa molt temps que és a la política, que segurament està més capacitada per ocupar certs papers o càrrecs. Vam veure que no tenien gaire interès a arribar a acords en gaire coses. Vam veure que hi havia un interès molt clar a consolidar i deixar clar qui seria el president de la Generalitat de Catalunya, i la resta ens semblava que era un afegit. A nosaltres ens inquietava que preocupés tant qui era el president de la Generalitat de Catalunya i no altres coses. I sobretot, ens preocupava que fos tan difícil trobar una persona que aglutinés una mica més de consens. Com que aquestes eleccions no havien donat la majoria a cap formació política i, per tant, l'acord d'investidura era imprescindible perquè hi hagués investidura, crèiem que no era demanar gaire que s'escoltés i s'atinguessin a les raons d'aquelles que eren imprescindibles per a la investidura. L'únic que plantejàvem era que volíem una persona que fos de consens de totes, una persona que no tingués una responsabilitat política en les retallades i privatitzacions que hem patit a Catalunya els últims anys, que ha estat absolutament atroç. I volíem una persona que no fos el deixeble polític de Jordi Pujol i el pujolisme, tenint en compte tot el que hem sabut últimament sobre què ha significat Jordi Pujol. Enteníem, a més, que Junts pel Sí és una trobada interessant, i molt nova en la política catalana, de diferents partits i persones independents; per tant, no vèiem cap impediment a trobar una persona de les seves. No demanavem que el president de la Generalitat fos de la CUP. Ja no posavem això de requisit, però enteníem que de totes les diputades podíem mirar quina era la que s'ajustava més a l'esperit i als valors que enteníem que havia de tenir aquesta nova direcció política institucional en aquest moment: més transversal, més col·legiada, menys unipersonal - que no semblés que el que passa a Catalunya s'explica només a partir del paper que hi fa una persona. Hem de dir a la caverna espanyola que això és un moviment popular, i que no té a veure amb la maniobra particular de ningú. A més, és absolutament saludable que en política hi hagi relleus i que no dibuixem ningú com a imprescindible. O, al contrari, que totes ho som, però fent el paper que puguem en les diferents posicions que puguem ocupar.

Això que la CUP va mantenir i ratificar en els seus diferents espais de presa de decisions, va ser contestat en aquesta campanya que dèiem al principi, i va ser contestat de manera molt clara contra les dones. És a dir, a qui es va atacar, sobretot durant aquests tres mesos, per mantenir aquesta actitud va ser a les diputades. Per què? Perquè, sent tres diputades de deu, hi havia un element a tenir en compte: per mantenir una certa paritat en les aparicions als mitjans de comunicació, algunes estàvem molt sobreexposades. Ens tocava parlar més sovint que a alguns companys. També, perquè algunes no tenim cap problema a defensar el que defensa la nostra assemblea. És el que ens dona força i ens permet respondre amb tota seguretat a qualsevol pregunta que se'ns faci. Però hi ha un element de fons, que és el que deia, i que no té a veure amb qüestions internes de si la CUP té més dones o no. L'element de fons és: «¿podem tolerar que les dones tingueu determinada representació institucional?».

De fet, quan vam aprovar la Llei d'igualtat ho vam tolerar, amb les respectives quotes. Uns percentatges millorables, una lògica millorable. Al nostre entendre, seria necessari que hi hagués exigències a les capçaleres de llista, perquè, si no, amb els resultats que treuen els partits, els percentatges són molt baixos. Per què es posen dones als primers llocs, i després quan es fan els recomptes per circumscripcions et quedes amb poques? No hem vingut a això, a complaure la vostra Llei d'igualtat, sinó que hem vingut a fer política. I vol dir estar a les meses de conversa, als llocs de decisió. En el nostre cas, als col·lectius. I hem vingut a aguantar, si és necessari, un *tête à tête* amb qui faci falta. Amb el senyor Artur Mas i amb el seu equip sencer. Cap problema. Som militants de base, no tenim gaire experiència, no som grans acadèmiques ni tenim *think tanks* que ens ajudin a preparar-nos. Però tenim el que et dona la militància, que és molta seguretat, molt convenciment, molta dignitat. Has compartit trinxera, alegries, disgustos i patiments amb les millors, que al final són les que decideixen posar part de la seva vida al servei d'allò comú. Has defensat la universitat pública, l'ocupa que volien desallotjar, sabent com pateixen les companyes que ocupen blocs amb la PAH. Has esperat les detingudes, que surtin de comissaria; has construït casals i ateneus. Hi has estat cada Primer de Maig; has intentat tenir un paper digne al teu lloc de feina, que sigui mereixedor del que dius que ets. Això et dona una seguretat, una tranquil·litat humil i discreta. Vas a parlar i a discutir amb qui faci falta.

Doncs això no es tolera. O es tolera menys si té veu de dona. I suposo que es tolera menys si té un orgull de classe. Si ets dona i vas a discutir, i a decidir, però ets de les quatre-centes grans famílies catalanes, potser la cosa és més digerible. Però si ets d'una família de descamisats, dels que van perdre la guerra, dels que van patir i tenir por però no van callar, dels que et van transmetre des de petita que amb el cap ben alt vam perdre la guerra però teníem raó i que no ens han guanyat la batalla Que nosaltres potser no som ni rics, ni gaire intel·ligents, ni tenim carrera, però al nostre lloc de treball mai hem fet res que perjudiqui un company. O venim d'aquestes dones que van ser les primeres regidores dels nostres pobles, que ens van ensenyar què eren els diumenges rojos. Que es tractava de millorar zones del poble, els parcs, els boscos, els espais comunitaris. Sense cobrar res, evidentment, perquè era gent que venia de militar en l'antifranquisme, i no es podia concebre fer política d'aquesta manera. Si a més véns d'una família que t'ha transmès preservar la llengua, encara que no fos la seva llengua materna –van venir a viure a un lloc on es parlava una llengua, i es van preocupar per estimar-la, també. Si véns de la dignitat que et dona la memòria llibertària, especialment la catalana, que ha entès i disseccionat molt bé què és l'Església catòlica a l'Estat espanyol, i tot el que ha comportat. Si véns de les àvies feministes intuïtives, que no han llegit mai una feminista teòrica, que no et sabrien dir ni un sol nom d'una referent feminista, però que són feministes perquè mig d'amagat t'han dit que no deixis mai de fer res per ser dona –«I a tu no se t'acudeixi fer el llit, si el teu germà no se'l fa»; aquest feminisme intuïtiu que ens ha ensenyat tantíssim. Si vas amb tot això per la vida, es tolera encara menys.

Crec que les dones de la CUP som això. Som dones amb un orgull de classe, amb una consciència independentista que no té res d'identitària, sinó que l'equipara i la situa en una lògica de transformació social, de voler canviar-ho tot. I amb un feminisme que té molt per millorar, com us he dit al principi, però que es reivindica com a això. Som potser les bruixes que ells mateixos, els que tenim davant de la taula, no van poder cremar. I tot això mereix una campanya d'insults, una campanya d'insults que no només no ens fa retrocedir, sinó que ens fa respondre-hi amb més força. Ens farà estar molt atentes que cap dona dubti de dedicar-se al que vulgui per por de ser insultada. I sobretot, tenint en compte els insults de determinats sectors socials. Es parlava de la caverna mediàtica espanyola, i recordo perfectament què deia Jiménez Losantos: «*Esa Nekane de la CUP, que lleva ese pelo como lo llevan las de Batasuna*». És clar, és que això, un insult, no trobo que ho sigui. O el senyor Antonio Burgos, no sé si a l'*ABC* o a *La Razón*, que vénen a ser el mateix, amb els articles comentant com ens vestim. Com si m'hagués de sentir insultada per portar una samarreta de la gent de Can Vies, que va demostrar què és aturar un desnonament a la ciutat de Barcelona, i que ho va posar tot a cremar uns dies. Com m'ho he de sentir, jo, que portar la samarreta de Can Vies o tantes altres és un insult? Insulta qui pot, no qui vol. No arriben ni a encertar en els insults.Com quan ens diuen que som lletges, o estem grasses. Ja, però com si els seus cànons estètics ens haguessin d'imposar el que és la bellesa. O que si som putes traïdores, com un càrrec de la UGT, que va haver de deixar-ho per aquesta frase. A «Anna Gabriel, puta traïdora.». Com si nosaltres identifiquéssim en la prostitució alguna cosa que pugui tenir a veure amb una lògica d'insult. Com si no ens miréssim la prostitució com un àmbit justament amb el qual treballar, compartir i saber donar una resposta que respecti decisions personals i combati d'arrel el tràfic de persones i la situació d'explotació que pateixen moltes dones. «Mal follada.» Com si això hagués d'inquietar, o fer incorporar una lògica de responsabilitat.El masclisme, en aquesta expressió de l'insult, és molt pobre. I, a més, és molt poc valent, perquè això al carrer no existeix. El masclisme en els insults s'expressa a les xarxes, i una mica als mitjans. Però al carrer no s'hi atreveixen mai. En aquests mesos, mai, a cap de les diputades de la CUP, se'ns ha insultat pel carrer. Mai. I, en canvi, hem rebut un munt de gestos i comentaris, abraçades i regals, molt tendres i tot. I per part de dones que segurament no comparteixen el nostre ideari polític. Però que connectaven amb una cosa que tenia a veure amb el fet d'entendre què vol dir sentir-se insultada.

Al final, el que hem de fer nosaltres és això: recollir els insults, denunciar-los, perquè resulta que pel fet de ser diputades tenim una cobertura mediàtica, però no fer-los més importants. Ni fer veure que perquè ens insulten a nosaltres és més greu que el fet que insultin qualsevol altra dona. Tots els insults que van adreçar a les dones de la CUP són insults a qualsevol dona, i al revés. Qualsevol insult que rebi qualsevol dona és un insult que rep qualsevol de nosaltres.Heus ací l'intent d'aquesta campanya de resposta. No ens heu insultat a nosaltres, heu insultat totes les dones. I tingueu en compte que el més greu no és que se'ns insulti a nosaltres, és que s'insulti les dones. O que se les humiliï, colpegi, violi o mati.

El masclisme, evidentment, s'ha de combatre d'arrel, però també hem de ser conscients que al final, des d'una militància d'esquerres, independentista i anticapitalista, una campanya d'insults no només s'aguanta, sinó que es capgira, se li dona la volta i s'aprofita per posar agenda feminista fins al final, que és el que els molesta.

Segur que hem comès errors, que no ho hem fet tot bé, però crec que al final hem pogut demostrar que tenim més força del que crèiem.

VI

GOVERNAR BÉ VOL DIR POSAR TOTS ELS MECANISMES AL SERVEI DE L'AUTODETERMINACIÓ DEL NOSTRE POBLE

Discurs pronunciat en el Ple del Parlament de Catalunya sobre la Qüestió de Confiança[1] plantejada pel President de la Generalitat i celebrat els dies 28 i 29 de setembre de 2016.

Bona tarda a totes.

David Fernàndez Ramos, el diputat encarregat de fer el discurs del ple d'investidura del 21 de desembre del 2012, començava dient que aquell dia moririen vuitanta mil persones de gana i que l'endemà en moririen vuitanta mil persones més. Som allà mateix. De fet, ni tan sols podem dir si la xifra ha pujat o ha baixat, perquè molts països tenen censos només estimats de població, que poden ballar, de fet, uns quants milions. Per tant, entenem que cada dia continuen morint centenars de milers de persones només de gana.

La FAO, l'Organització de les Nacions Unides per a l'Agricultura i l'Alimentació, ja fa anys que ens diu que trenta mil o quaranta mil milions d'euros l'any servirien per erradicar la fam extrema al món; però no ho fem.

1. Transcripció extreta directament del *Diari de Sessions del Parlament.*

En canvi es va donar trenta vegades aquesta xifra als bancs nord-americans perquè continuessin funcionant. Se'n diu «capitalisme», se'n diu «sistema pervers i caníbal» i mereix que pensem si totes i cadascuna de nosaltres fem tot allò que és a les nostres mans i més per combatre'l.

I per què comencem per aquí? Doncs, perquè per aquí començava la CUP - Alternativa d'Esquerres aquell dia; aquell dia en què vam iniciar l'activitat política en aquesta cambra parlamentària, en una part dels nostres Països Catalans. I des d'aquell dia ens ha mogut exactament el mateix: fer efectiu el dret a l'autodeterminació, fer real la independència i fer entendre que aquesta difícilment serà real si no cerquem una alternativa al capitalisme patriarcal. Sí, sistema patriarcal, que en traducció concreta és el judici que avui pateixen les nostres companyes a Palma, a qui demanen quatre anys de presó per manifestar-se a favor del dret a l'avortament. Sí, sistema patriarcal, en traducció concreta, són també les agressions sexuals que pateixen moltes dones al carrer de nit i també durant les Festes de la Mercè. Ens mou, per tant, exactament el mateix que ens movia aquell dia: aconseguir dotar-nos de nous marcs ètics, polítics i morals.

La CUP - Crida Constituent, que som aquí representant més de 330.000 persones, venim de lluny. Ho dèiem també aquell dia. En aquell moment, el trajecte caminat ens va portar a votar en contra de la investidura del president Mas. Poc després, el gener del 2016, vam donar vuit vots favorables a la investidura del senyor Puigdemont i dues abstencions. I tot el camí recorregut, que ve de lluny, però també el més recent, l'hem fet, bàsicament, amb el nostre esforç, la nostra perseverança, la nostra militància i, sobretot, la nostra paraula i la nostra coherència. No tenim gran cosa més. No tenim poder, ni tenim poderosos. Tenim les mans, el nostre capital, i tenim una cultura política que volem preservar, perquè prenem les decisions de manera col·lectiva. I n'estem orgulloses; i sabem que algunes ens voldríeu jeràrquiques i subordinades. Però som assembleàries i crítiques.

«Qui no estigui disposat a donar suport als pressupostos, que no em doni la confiança», deia vostè ahir mateix. Nosaltres mai no hem rebutjat la possibilitat de donar suport a uns pressupostos. No ho vam fer així durant la negociació dels mesos de maig i juny passats. Per això vam negociar fins a l'últim minut, sense gaire èxit, això és cert. Precisament per això, i com és natural, ara tampoc no rebutjarem d'entrada la possibilitat de donar suport a uns pressupostos que permetin tancar la legislatura. Que quedi clar, però, que aquesta confiança que avui votarem no els dona, a vostès, carta blanca per poder emprendre una pressió política que pretengui obligar ningú a votar uns pressupostos en què no creu. Com vostè sap, com tothom sap, entre dues persones, i tampoc entre dos grups, i menys encara entre dos grups complexos, antagònics en moltes coses, la confiança[2] no és unidireccional, sinó que és d'anada i tornada, i es construeix –sobretot entre grups que només compartim alguns objectius, però que no compartim una mateixa visió de la societat ni de la manera d'organitzar-ne els recursos– sobre l'intercanvi honest de parers i sobre la base de la disposició a arribar a acords. Per això responem ara mateix que és clar que estem disposades a donar suport als pressupostos; però, com vostè o vostès poden comprendre, ben naturalment,

2. Anna Gabriel es refereix aquí a la «cadena de confiances» de què havia parlat Carles Puigdemont en el seu discurs, com l'element clau que havia de portar de la votació de la Qüestió de Confiança a la culminació de la legislatura amb l'exercici del dret a l'autodeterminació, passant pel Debat de Política General i els Pressupostos. (N. de l'ed.)

no votarem uns pressupostos abans de veure'ls, i tampoc no votarem uns pressupostos que reprodueixin els pressupostos als quals ja vam dir que no al mes de juny.

Avui votarem que sí a la qüestió de confiança que vostè ha plantejat, i ens obrim d'aquesta manera a la possibilitat de fer avançar aquesta legislatura, que per a nosaltres no pot deixar de ser excepcional, ja que és la legislatura en què el poble de Catalunya ha de poder exercir, finalment, el seu dret a l'autodeterminació. Aquest és un dels principals sentits de la legislatura. Sempre ho hem defensat i creiem que així ho va entendre la majoria popular el 27 de setembre passat, ara fa un any.

I és cert, estem també molt d'acord amb vostè, senyor president, quan ens diu que els pressupostos són un element clau en aquest tram final de la legislatura. Nosaltres també pensem que han de ser un element clau, i esperem que contribueixin a construir aquesta cadena de confiances de què vostè va parlar ahir en la mesura que siguin un instrument per tal d'augmentar la base social independentista, base social que necessita cohesió nacional i justícia social; un instrument per consolidar una majoria social que identifiqui el projecte independentista amb un projecte que vagi més enllà d'un mer canvi de banderes, que vagi més enllà d'un canvi de legisladors i de governants, i que es vegi, per part d'una majoria social, com un projecte econòmic, social i cultural orientat a la satisfacció de les necessitats d'aquestes majories, i nascut de la voluntat d'aquestes mateixes majories.

Han de ser, per tant, uns pressupostos que siguin una eina per guanyar el referèndum. I perquè puguem guanyar el referèndum d'independència, la idea de referèndum ha de poder estar associada a un projecte de progrés, un projecte de majories, un projecte orientat a beneficiar-les, i no un projecte, com els trenta anys d'autonomisme, que estigui orientat a beneficiar i a protegir els interessos d'unes elits sovint corruptes i sempre compromeses amb el mateix *statu quo* que justament ens ha negat el dret a l'autodeterminació alhora que facilitava que els rics fossin cada vegada més rics i que la pobresa anés en augment.

Per aquest motiu, hi insistim, els pressupostos poden ser –per a nosaltres, també– una eina molt necessària per portar la legislatura a bon port, però no qualssevol pressupostos. Necessitem –de fet, aquest país necessita– uns pressupostos concebuts com una eina de redistribució de la riquesa i, per tant, que exigeixin major contribució a aquells que més tenen per tal de posar aquests recursos al servei de les majories i, en especial, d'aquelles que menys tenen. El català o la catalana més rica –perquè, de fet, Intermón Oxfam no revela el nom d'aquesta persona– posseeix tanta riquesa com les 155.000 famílies més pobres. El 2014, segons l'Ajuntament de Barcelona, el barri més ric de la ciutat era Pedralbes, amb un índex de 257 sobre una mitjana de 100. Mentrestant, el barri menys afavorit era Trinitat Nova, amb un 34,7. Això suposa una diferència de 7,2 vegades. Doncs bé, abans de la crisi, la diferència entre aquests dos barris –que també existia– era de 3,9 vegades. La diferència, en crisi, ha augmentat. La xifra és substancial i ens estalvia qualsevol comentari. El Barcelonès té una renda mitjana *per capita* de 18.100 euros, i la comarca del Montsià, en canvi, d'11.200. La xifra és substancial i ens estalvia qualsevol comentari.

El rescat bancari ha costat més de 3.600 euros per habitant dels Països Catalans. Mentrestant, 57.000 milions d'euros és la xifra del frau i l'espoli fiscal als Països Catalans. La xifra és també substancial i ens estalvia qualsevol comentari. Si no es demana més a aquells que més s'han enriquit –també durant la crisi–, a aquells que més tenen, serà impossible corregir la tendència a fer una societat en què cada vegada hi ha menys gent que concentra més recursos i en què cada vegada més gent es veu més exclosa i cada vegada hi ha més pobresa. Necessitem –aquest país necessita– uns pressupostos que posin dics de contenció a les polítiques d'aprimament dels serveis públics i de privatització d'allò que és propietat de totes i que hauria d'estar al servei de totes.

Nosaltres som materialistes però no som materialistes vulgars. Nosaltres creiem en l'economia moral, en una economia basada en l'equitat i en la justícia, basada en els principis de la cooperació mútua per sobre del lucre personal. Les persones no som mers agents econòmics; no som una massa anònima que compra, que ven, que consumeix, sinó que som persones carregades de necessitats materials i també morals. Nosaltres considerem que en l'activitat econòmica i en la intervenció pública sobre l'economia hi ha accions legítimes i n'hi ha d'il·legítimes, com fer-se milionari amb la gana de la gent o consentir, amb mesures «austericides», que la gent passi gana i que vegi la seva condició humana arrossegada per terra.

Això demanarem al Govern a l'hora d'aprovar uns pressupostos: començar a capgirar les polítiques nefastes que han contribuït i conduït al fet que els interessos privats posin, cada vegada més, les seves lògiques de maximització de beneficis allà on caldria un blindatge que exclogués aquestes lògiques i que se centrés en el servei públic, gratuït, universal, perquè la sanitat i l'educació són drets, no són mercaderies; perquè la salut, l'educació –la pública–

són uns béns preciosos que no poden estar al servei de lògiques de beneficis, que no poden segregar per sexes i que no poden estar en mans de congregacions religioses. I recordeu també que un dia, potser, podrem fer una romeria als terrenys de «la Caixa» per recordar que un dia va perillar la independència per un govern que va confondre el mandat del 27 de setembre amb el fet d'aprovar, sí o sí, operacions especulatives buides d'interès social. Parlem de Barcelona World.

«Fem un reset –deia vostè–, i demanem-nos si volem continuar.» Nosaltres, sí. Per tant, deixeu d'alimentar aquells que pensen que s'haurien d'haver corregit els resultats electorals del 27 de setembre, aquells que clamen *vendetta* contra la CUP, aquells mals assessors que us deien que, si ens estomacàveu, ens eliminaríeu. Treballem, culminem la legislatura i fem tot allò possible per tal que puguin, com vostè i vostès –imagino– desitgen, governar bé. I governar bé vol dir posar tots els mecanismes al servei de l'autodeterminació del nostre poble i del seu exercici concret. Governar bé és culminar la legislatura havent articulat la primera fase del procés constituent, la que mostrarà que la república serà popular.

No hem vingut a parlar de nosaltres, però sí que necessitem que el país ens senti dir amb humilitat, però amb el cap ben alt, que nosaltres no som gent que faltem a la nostra paraula, i crec que vostès ho saben. Per això necessiten maquinàries generadores de relat, per fer prevaler la seva veritat, per fer-nos quedar com gent que falta als compromisos, però saben que no és veritat. Però no hem vingut a parlar de nosaltres –i, de fet, tampoc de vostès– ni hem vingut a replicar quins poden ser els motius reals de per què es va proposar la qüestió de confiança, ni hem vingut a contestar algunes afirmacions que s'han fet en els darrers mesos sobre si posem pals a les rodes o si mereixem o no tenir iniciativa política. No hem vingut a parlar de nosaltres ni de vostès. Hem vingut a parlar d'alguna cosa que va més enllà de l'avui, de l'ara i de l'aquí. Hem vingut a parlar de llibertat, de poder popular i de justícia social.

Entenem que hi ha les condicions materials i de context per fer d'aquest racó de la riba de la Mediterrània un espai de llibertat en una Unió Europea que tendeix més aviat a restringir-les; una Unió Europea fortalesa, presó i camp de concentració vergonyós, que expulsa la gent que fuig de guerres, de gana i terror; una Unió Europea que ja disposa d'una desena de països en què governa l'extrema dreta i que, a poc a poc, practica la xenofòbia i el racisme a escala institucional; una Unió Europea que sota el principi de no-ingerència en la vida domèstica dels estats acaba avalant vulneracions de drets humans i col·lectius. Perquè és també en clau feminista que denunciem aquesta Unió Europea; perquè cap política hauria de ser domèstica, privada o reservada només a l'arbitratge dels estats; perquè aquesta Unió Europea neix i es forja per reservar a l'àmbit privat, domèstic, conflictes que haurien de ser de l'interès de qualsevol institució democràtica.

En aquest racó de la riba de la Mediterrània, uns Països Catalans esdevenen per a nosaltres projecte transformador i d'alliberament. Perquè impugnar el règim del 78 és també impugnar-ne el mapa, la cartografia de poder, la imposició de la prohibició d'establir llaços de cooperació entre territoris que ens voldríem caminant plegats. En aquest racó de la riba de la Mediterrània hi ha les condicions materials i de context per fer efectiu el dret a l'autodeterminació a l'empara del dret internacional, amb la negació de la legalitat vigent a l'Estat espanyol, però amb la determinació de les institucions i de la gent d'aquest país.

En aquest país hi ha hagut mobilitzacions importantíssimes en els darrers anys: les consultes locals per la independència; mobilitzacions als carrers, algunes de les quals van desbordar les capçaleres d'alguns partits polítics, i van cridar «independència» quan alguns volien que la gent cridés «pacte fiscal». En aquest país hi ha un batec que crida «democràcia» i que crida poder recuperar sobiranies furtades per marcs autonòmics, per constitucions reformades en ple mes d'agost i per tribunals executors de voluntats de partits.

Perquè també hi ha hagut mobilitzacions que han desbordat el sindicalisme de concertació i de claudicació, en un moment en què l'agudització de la crisi i l'empitjorament de les condicions de les classes populars exigien més lluita i més combativitat. I aquí tenim l'exemple de les companyes de les Càrnies en Lluita, de la COS, o la lluita a les universitats, que han fet que un rectorat denunciés vint-i-set estudiants, professors i PAS, a qui demanen onze anys de presó. Aquest és el sindicalisme combatiu, el que és contestat, per exemple, amb la crema del cotxe del secretari general de la CGT fa només uns dies.

Perquè aquest és un país que –potser no tot el que voldríem, però sí molt més que molts d'altres– no ha parat de mobilitzar-se. És un país que es resisteix a oblidar que hi ha enterrats al Fossar, de la mateixa manera que és un país que no hi ha dia que no tingui presents els morts que encara ens queden enterrats als vorals i a les fosses comunes. Recordem que només Cambodja té més desapareguts i morts per exhumar que l'Estat espanyol. És un país imperfecte, segurament, però és un país que reacciona davant el racisme; és un país que s'estima la seva escola pública i que defensa amb dents i ungles la seva sanitat; un país que ha defensat el territori, que ha defensat els seus rius i que ha recordat també, amb mobilitzacions molt importants, que ja no podem perdre ni un pam de terra ni una gota d'aigua.

No és el millor país del món, però hi ha molta gent que treballa i seguirà treballant perquè el país sigui millor cada dia. I amb la gent i el país i amb una majoria parlamentària a favor de la democràcia, hi ha condicions per celebrar un referèndum. Digueu-ne com vulgueu, però digueu-ne «referèndum».

Nosaltres sabem que en aquest Estat espanyol no hi haurà via pactada per a un referèndum, per molts motius: perquè s'ha reiterat la demanda en diferents ocasions, i s'ha negat; perquè la majoria parlamentària al Congrés no ens reconeix la condició de nació amb capacitat de decidir, i perquè autoritzar un referèndum aquí voldria dir autoritzar-lo també al País Basc i aquesta ja sí que és la fi definitiva del sistema polític espanyol hereu del franquisme.

No hi haurà via pactada, perquè, si hi fos, ja n'estaríem negociant la data de celebració. Junts pel Sí insisteix en la via pactada; Catalunya Sí que es Pot al·lega que se'ls dona la raó que fa temps que tenien. Insistiu en la via pactada; per a nosaltres és una via inexistent. Fins i tot creiem que la majoria del país veu impossible la via pactada, perquè la majoria del país ha escoltat les declaracions dels portaveus dels partits amb majoria al Congrés. La majoria del país i la gent que espera un referèndum per arribar a la independència no creuen en la via pactada.

Però, a més, per a nosaltres la via pactada és una via que corre el risc de desactivar la fortalesa de la mobilització;

corre el risc de situar l'imaginari col·lectiu en una lògica subordinada; correm el risc d'avalar la manca de democràcia de l'Estat espanyol, i el que caldria és, justament, sumar gent a la denúncia de la manca de democràcia de l'Estat espanyol. La virtut no és tant sumar representants d'altres partits en la petició del referèndum, sinó sumar àmplies majories decidides i apoderades en la demanda d'aquest referèndum. La virtut és desmuntar l'excusa que han utilitzat determinades formacions polítiques per no afrontar la cruesa de la manca de profunditat democràtica de l'Estat, i sumar àmplies majories de la població en la cerca de la resolució del conflicte polític i democràtic vigent a l'Estat espanyol. La via pactada és cosa vostra. En aquest camí, en el del pacte i el de la subordinació, no ens hi trobareu. Si us sembla, mentrestant, nosaltres mantindrem el tensor de la determinació i anirem posant efectius a la trinxera de la democràcia, que és la de la unilateralitat.

La CUP - Crida Constituent vam demanar posar el referèndum com a instrument democràtic de culminació de la legislatura el mes de juny passat. I parlem de referèndum, i no hi ha substitutiu: ni procés participatiu, ni consulta popular, ni noves eleccions plebiscitàries, ni eleccions constituents. Ja ho va dir vostè mateix ahir: «Referèndum o referèndum». Algunes veus han entès que el referèndum era una exigència de la CUP - Crida Constituent. Situem les coses al lloc que els correspon per la seva transcendència: el referèndum no és, no pot ser i no serà partidista. El referèndum és la via per dirimir de manera democràtica el conflicte amb l'Estat espanyol. El referèndum és donar a la gent d'aquest país la possibilitat d'expressar-se en el marc d'una pregunta binària: «Vol que Catalunya esdevingui una república independent? Sí o no».

En la història dels països i de les nacions, els referèndums d'autodeterminació o no arriben mai, o quan arriben són una fita històrica. I el referèndum ha de ser el vector polític principal, el motor de mobilització i el carril central de la determinació, de les institucions i de la gent, a partir d'avui mateix. Un referèndum que ha de tenir totes les garanties, i una fase participativa del procés constituent que ha de tenir els mitjans necessaris per poder fer front al boicot de l'Estat i que faciliti els instruments de participació popular òptims per posar les bases de la república. Una fase participativa del procés que es convertirà, amb tota seguretat, en la millor campanya pel sí a la independència, perquè posarà en evidència que obrim la possibilitat per decidir-ho tot. En el marc de l'Estat, en canvi, es quedarà sense marge per decidir res.

Hem admès votar favorablement a la qüestió de confiança, l'endemà que vostè defensés la via del pacte amb l'Estat; via que tothom sap –vostè, probablement, el primer, i els senyors de Madrid, també– que no té recorregut. I hem admès votar-hi favorablement perquè cercarem totes les garanties per tal que, si aquesta via no tira endavant, vostè, i el Govern que vostè presideix, tiri endavant i organitzi un referèndum d'autodeterminació fins a les seves últimes conseqüències. Hem admès votar-hi favorablement, no tant perquè fins ara hàgim vist que es treballava en la direcció necessària per assolir la independència, sinó perquè hem vist que, ara, situar l'eix principal de la seva acció política en allò que ha de dirimir de manera definitiva el conflicte que tenim a l'Estat pot ser una bona opció.

I nosaltres, ja ho sap, estem disposades a la unilateralitat i a la desobediència. Això vol dir que esperem que faci el que calgui per dur a terme el referèndum, fins a les darreres conseqüències. Estarem atentes i vigilants fins que no se celebri, de la mateixa manera que treballarem amb qui calgui per tirar-lo endavant. N'exigirem el compliment sense repòs, perquè treballarem pel referèndum sense repòs, nosaltres, també. E

n el proper debat de política general caldrà fixar data de referèndum d'autodeterminació; plantejar-se procediments, mecanismes legals i executius sobre els quals sustentar-lo. Hem admès votar favorablement a la confiança perquè la confiança no és un acte de fe. La confiança, com han dit vostès mateixos, no es vota, i menys encara dues vegades seguides. La confiança, en el context d'un poble al qual es nega el dret a decidir, només es pot basar en fets. Només es pot basar, justament, en la determinació d'exercir el dret a l'autodeterminació, independentment del que facin, justament, aquells que ens neguen aquest dret.

I anant un moment a aquells que ens neguen aquest dret, i amb referència, també, a allò a què es feia al·lusió ahir: la debilitat de l'Estat no és tant que no hagi format govern en tot aquest temps, o que tingui un govern en funcions des de fa nou mesos; l'autèntica debilitat de l'Estat és que no té cap mena de proposta de resolució als dos problemes principals que té des de la Transició: el conflicte democràtic amb les seves nacions i el sistema econòmic, que ha propiciat que sigui un estat amb els índexs de desigualtat més alts de tot Europa, amb totes les rèpliques que això té a escala material, a escala ètica i a escala moral.

D'altra banda, cal recordar que l'Estat no és només qui el governa; no és l'executiu, no seria exactament això. L'Estat és l'exèrcit, l'alta magistratura, el poder judicial, l'entramat empresarial de l'IBEX 35, el que compra voluntats, el que construeix portes giratòries, el que juga amb deslocalitzacions i frau fiscal... L'Estat són també les seves clavegueres. I avui, més que ahir, el bipartidisme ha fet el búnquer més fort. Els artífexs del búnquer del 78 són els mateixos que els del búnquer actual. Als representants del búnquer, de fet, no tenim res a dir-los. «Conflicte o conflicte», diuen. «Fracàs o fracàs.» Res a dir-los.

Però a les esquerres, als demòcrates, sí. I sabem que sou majoria les que veieu de manera clara que en aquest estat no hi ha marge, i necessitem que representeu els valors que us són fundacionals. Això és tenir present que cal passar de la retòrica als fets i que cal que hi sigueu per guanyar el dret a la democràcia: us volem al costat de la democràcia i no al de la negació per part de l'Estat espanyol. Nosaltres volem i creiem que us hem de demanar determinació, i fer que tothom doni la seva veu, que sigui ara quan parli la gent i que deixem de parlar nosaltres. Això és el referèndum d'autodeterminació: la clau que obre tots els panys.

Vostè deia ahir que a cada bloqueig de l'Estat cal una resposta catalana. Nosaltres diem que a cada bloqueig de l'Estat cal una resposta democràtica. I això era justament la declaració del 9 de novembre, la que ja preveia els cops de l'Estat, i justament reclamava no posar-nos a la trinxera del cop d'estat judicial, sinó treballar per bastir una trinxera de democràcia. Aquella declaració del 9-N formava part –i segueix formant part– de la cadena de confiances que vostès volen bastir. I és que ahir mateix vostè deia també que un dels principals compromisos és complir amb els mandats del Parlament. Sense complir allò que s'aprova, tampoc no es pot governar bé, i és per això que en el camí cap al referèndum farem bé de complir allò que vam aprovar setanta-dues diputades. I, per tant, quan el Tribunal Constitucional suspengui la Llei d'habitatge, resposta catalana o resposta democràtica: més drets habitacionals i cap desnonament. Quan l'Estat negui l'operació per acollir persones que cerquen refugi, resposta catalana acollint refugiades. Quan el Partit Popular denuncia persones per cremar de manera simbòlica constitucions, resposta catalana: cap mosso d'esquadra perseguint d'ofici aquestes persones.

Perquè trampejant la prohibició de lleis injustes, trampejant els requeriments que han fet les electes d'aquest país, que han estat investigades i encausades només per haver aprovat mocions de suport a les declaracions del 9-N en el seu ple, no creiem que arribem gaire lluny. Trampejant-ho elegantment fins a la desobediència final? Per nosaltres, no.

Confiem en la gent que no ha volgut ser còmplice de l'Audiència Nacional; confiem en la gent que ja treballa per un procés constituent; confiem en les que faran tot allò que sàpiguen i més, perquè la república no es dissenyi en cap despatx. Es farà al carrer i entre totes, amb les tradicionalment excloses de les preses de decisions importants. Confiem que aquest país, si se'l crida a un procés constituent, popular i des de baix, sabrà assentar les bases d'una constitució que miri a l'esquerra i a la dignitat. Confiem en les que no prioritzen interessos particulars ni de partit, ni somnien poltrones; confiem en les utòpiques, en les que mai no obriran titulars ni seran entrevistades per cap mitjà, però que tenen com a motor de la seva quotidianitat la defensa dels drets de les més febles. Confieu en les que han perdut ulls, o en les que encara senten els dolors dels cops de porra perquè han sortit al carrer en dies de vaga general, en defensa de totes. Perquè potser creix el PIB i potser ha crescut en cinc trimestres consecutius, però també creixen les sol·licituds de beques menjador, i creix la desigualtat en aquest país. La democràcia es construeix a les urnes, però també es construeix a casa, a les escoles i als hospitals. I els serveis públics de titularitat i de provisió públiques són indispensables perquè puguem establir les bases d'una república que sigui digna de les que ens van precedir en la lluita per la Segona República també a casa nostra.

I convoquem la resta del món a veure que en la vella Europa hi ha valors que no són ni el nihilisme, ni la desesperació, ni el racisme, ni la xenofòbia, ni la por a les alternatives. Convoquem el moviment popular partidari de la democràcia a treballar pel referèndum i convoquem el moviment independentista a treballar pel «sí» al referèndum. De fet, el poble mobilitzat és l'única garantia que tenim.

Convoquem el conjunt d'actors polítics i socials dels Països Catalans compromesos amb la democràcia a defensar el dret a l'autodeterminació, perquè el que avui és una demanda majoritària en aquesta part del país, demà ho ha de poder ser també al conjunt dels Països Catalans. Convoquem el conjunt del moviment internacionalista que s'expressi en clau solidària, que doni suport al nostre treball per obrir espais de llibertat en una Unió Europea fortalesa que nega llibertats; que la nostra llibertat serà també la seva. Que a la riba de la Mediterrània, en aquest racó dels Països Catalans, hi ha un batec que porta el nom de referèndum, república i independència per canviar-ho tot; que a la riba de la Mediterrània, en aquest racó dels Països Catalans, la confiança rau en la seva gent.

VII

EL CRÈDIT INTERNACIONAL POT COMENÇAR SI DEMOSTREM QUE ESTEM DISPOSADES A FER ALGUNA COSA

Extracte de les intervencions en el debat que mantingué amb el President de la Generalitat de Catalunya Carles Puigdemont, el 15 de febrer de 2017, en el marc del cicle organitzat per El Punt Avui i l'associació Moment Zero.

Per a L'aliança que podem tenir nosaltres amb Junts pel Sí «i, per tant, també amb el president de la Generalitat i amb el Govern que ha estat nomenat» és en clau de fer efectiu el dret a l'autodeterminació. No ens amaguem de dir que tenim fortíssimes diferències en moltíssimes qüestions que afecten, per exemple, el model econòmic, el model social, la concepció que tenim de la cultura, de la sanitat, l'educació. És conegut quin és el nostre ideari, el qual dista molt de l'ideari que pot tenir, en aquest cas, el PDECat, o la conjunció de Junts pel Sí.

No és menys cert que l'aliança per fer efectiu el dret a l'autodeterminació en clau de país és absolutament transcendental. Per tant, no podem fer altra cosa que, per fer efectiu aquest dret, entendre'ns en totes aquelles qüestions que puguin permetre a aquest país complir allò que hem dit que farem, que és un referèndum aquest any.

Nosaltres no hem estat mai partidàries de pidolar aquest dret a l'Estat espanyol; no hem estat mai partidàries de reconèixer una superioritat, en clau de subjecte polític, a l'Estat. Nosaltres creiem que el dret a l'autodeterminació el tenim perquè som subjecte polític, perquè som poble, i això ha de ser independent del que digui o faci l'Estat espanyol. En aquest sentit, hem intentat sempre, en la mesura que hem pogut, actuar en clau de no-subordinació a l'Estat.

En aquest moment actual, i per no ser excessivament simplista, crec que el que mereix l'Estat és veure que, evidentment, hi ha un canvi significatiu de relacions de la Generalitat respecte a l'Estat. És el moment que entenguin que això ja no va de pactes, que ja no va de contribuir des de Catalunya a la governabilitat de l'Estat, i que, per tant, no cal que facin cap esforç per intentar veure si, oferint alguna millora en el camp fiscal, per exemple, a Catalunya es desactiva res. Perquè això ja no va de qui hi ha al capdavant de la Generalitat, ni tan sols va de la composició parlamentària. Crec que això va d'un flux democratitzador en l'àmbit popular, que ve de baix, que desborda partits i interessos partidistes. Per tant, en tot cas, si en tingués l'oportunitat, és això el que transmetria al president del govern de l'Estat. Els Països Catalans no som l'únic repte de l'Estat espanyol que cal dirimir de manera democràtica. Hi ha altres nacions sense estat que encara mantenen latents conflictes que s'han de resoldre, i en tots aquests conflictes democratitzadors, l'Estat manifesta una profunda incapacitat per resoldre'ls. Contràriament a això, hi respon sempre per la via armada i dels cops d'estat, o per la via violenta i repressiva. I nosaltres no veiem que l'Estat hagi canviat, en això. No parlem de la seva gent, dels companys i companyes que viuen arreu de l'Estat espanyol i que també són classe treballadora i també en pateixen les polítiques. L'Estat, com a estructura funcionarial, de l'exèrcit, no ha canviat. I nosaltres no veiem que hi hagi cap voluntat de resoldre per la via democràtica el conflicte que tenim.

És des d'aquesta perspectiva que nosaltres, a vegades, hem reclamat que se sigui molt clar i que es clarifiqui la situació. En aquest sentit, estem assegudes en una taula, en una cimera pel referèndum, acompanyant aquelles forces polítiques que diuen «Hem d'arribar fins a les portes del cap d'estat, si convé», per comunicar-li que hem de celebrar aquest referèndum. Nosaltres no hi confiem en cap cas. Crec que ningú confia, en cap cas, que a l'altra banda hi hagi una voluntat de seure a negociar. I el que nosaltres no volem, justament, és desactivar aquesta tensió, el pols, el vector mobilitzador que ens ha portat fins aquí, pensant que això va d'assistir a veure com negociarem amb l'Estat espanyol. Això no anirà de negociació amb l'Estat espanyol; anirà de determinació, de mobilització una vegada més i, ara sí, d'un compromís ferm d'un executiu, d'un govern, d'una presidència i del Parlament. I creiem que no ens podem distreure d'aquest objectiu i d'aquest repte.

N'hem parlat, de la data, òbviament. I de moltes altres qüestions. Ens hauria d'inquietar molt que, a hores d'ara, no n'haguéssim parlat, de tot això. Crec que compartim que quan el Parlament diu que com a molt tard, al setembre, i totes assumim aquest compromís, és que efectivament, com a molt tard, al setembre; per tant, la data l'hem de situar en el calendari en funció de diferents paràmetres. Un d'aquests paràmetres, segur, és tot allò que acompanyi l'organització efectiva del referèndum. Per tant, falten encara uns passos a fer per poder dir que estem en disposició de celebrar-lo. L'altre és que no podem girar l'esquena al que passi al país i a l'Estat. Per tant, no és que l'Estat no digui res. De fet, diu moltes coses. L'Estat amenaça, l'Estat judicialitza, i l'Estat sanciona. Per tant, crec que la data també ha de connectar en certa manera amb l'actualitat política, amb els esdeveniments que tinguin lloc. Finalment, el que és rellevant no serà la data en si, sinó que la data estigui al servei d'una estratègia i que vegem que és la més idònia perquè tinguem les majors quotes de participació política possibles. Per als independentistes, que hàgim pogut garantir una campanya pel sí –tant de bo n'hi hagi una pel no. I també crec que estem en disposició, en aquest temps que falta per celebrar el referèndum, de gestar un gran acord polític, a l'estil dels grans acords fundacionals de país, que ens garanteixi que l'endemà d'aquest referèndum –que, evidentment, volem vinculant, i els resultats del qual seran tinguts en compte pel poder executiu i pel legislatiu– s'obrirà la que creiem que és la gran fita, la gran esperança: aquest procés constituent.

Nosaltres creiem que també impugnem l'Estat espanyol, en relació amb el que va significar i com va ser la Transició, com es van fixar les regles del joc. Què és la Constitució espanyola? A quins interessos respon? Qui van ser els responsables finals d'alguns dels seus articles i, per tant, d'algunes de les seves prohibicions? Per tant, creiem que estem en disposició de generar tot un altre plantejament democratitzador, de base, que faci que la gent se senti interpel·lada. La creació d'aquest nou país tindrà en compte els interessos de totes i cadascuna de nosaltres, i no només els d'uns sectors molt determinats. Crec que tota la qüestió que envolta el procés constituent –què farem l'endemà d'aquest referèndum i com podem encoratjar, en clau d'aprofundiment democràtic, aquest país– és també un repte que tenim al davant. Això també s'ha de tenir en compte, a l'hora de fixar la data, per exemple.

Nosaltres hem dit moltes vegades que el Referèndum ha de tenir lloc com més aviat millor. Però no perquè sí, perquè siguem unes ingènues o unes irresponsables. Creiem que el país fa molt temps que reclama una qüestió així. Però també hem dit que no batallarem per la data si veiem que la discussió és raonable i se situa en termes polítics. No volem alimentar el «processisme»; ho hem dit moltes vegades. Volem tancar aquesta etapa, en la qual ja hem demostrat de manera molt evident què és el que volem. I fins i tot ja no nosaltres, l'esquerra independentista o la CUP, sinó que crec que la gent d'aquest país i el món esperen fets. I els fets no podem trigar a demostrar-los, perquè el crèdit internacional de l'expectativa que estem generant es pot esgotar. Una de les coses que hem de tenir en compte és el conjunt del país. Amb independència que sigui gent que s'hagi inclinat o mobilitzat a favor del sí, o que sigui gent que tingui l'opinió tancada. Crec que hem de ser molt sensibles i estar molt atents a quina és la composició social d'aquest país. És un país absolutament divers, mestís, barrejat, amb orígens molts diversos. La capacitat de mantenir un fil de sensibilitat actiu amb els orígens de totes aquestes persones crec que pot ser absolutament clau a l'hora de llegir un resultat favorable al sí. En aquest sentit, crec que no ens adrecem tant a la gent que estem més convençuda, i que tenim pressa i necessitem més dosis d'il·lusió, sinó que hem de tenir molta capacitat de fer sentir absolutament a tothom que si en aquest referèndum guanya el sí, no girarem l'esquena a cap de les comunitats d'origen de la gent que ha viscut aquí, al contrari. Podríem ser també una república exemplar pel que fa a la relació que mantindríem amb els pobles d'origen de tota la gent d'aquest país.

Jo tampoc voldria fer una lectura molt desactivada d'intensitat quant a les diferències. Les diferències són sanes, desitjables, i això és una de les virtuts, si es vol, de la democràcia. Ens quedem aquí, totes contentes, i diem que hi ha hagut una oda a la unitat. I moltes vegades les diferències que tenim nosaltres les patim moltíssim. Som absolutament crítics, i ens agradaria no tenir tantes diferències perquè voldria dir que compartim un model d'educació, que a nosaltres ens inquieta moltíssim. Vull dir: diferències, sí. Sanes, moltes vegades - totes no. Tant de bo que no hi fossin. Ens hem endeutat per sobre de les nostres possibilitats, hem retallat com no hauríem d'haver-ho fet mai, hem girat l'esquena a una part important d'aquest país, i això no pot tornar a passar.Quant a l'Estat espanyol, consideraré que l'eficàcia del Tribunal Constitucional es materialitza en bona part en la capacitat sancionadora que té - que encara té. Per tant, no podem menysprear tot el que pugui venir de jutges, tribunals, magistrats de l'Estat. Simultàniament a això, sabem que l'Estat respondrà des d'aquesta perspectiva, i esperem –és una de les apostes que fem en aquest procés– que des de l'arena internacional en algun moment potser algú suggereixi a l'Estat espanyol que s'ha d'asseure en una taula, i que ha de mirar de respondre en clau de resolució de conflictes, com s'hauria de respondre al segle XXI, i no a l'estil del segle XVIII. De fet, és una de les grans apostes que fem, que no estiguem soles en aquest conflicte democratitzador i que ens puguin acompanyar des d'altres llocs. Per tant, l'excés de judicialització pot contribuir a fer que es reclami més democràcia, més procés de negociació i menys judicialització. Ja ho veurem. El món tampoc ens ofereix mandataris internacionals que es distingeixin per la seva gran disposició democràtica. El món tampoc es troba en un moment gaire exemplificador en el terreny de resolució de conflictes. Però és veritat que el món és divers, i esperem que en algun moment l'Estat tingui algú més, a banda del poble de Catalunya, que l'interpel·li per resoldre el conflicte per una altra via.La posició que nosaltres tenim respecte de tota la campanya de denúncia del que està succeint amb les refugiades no és nova. De fet, la nostra actitud tampoc sorgeix arran del conflicte que es gesta a causa de la guerra de Síria. Nosaltres dissabte participarem en la manifestació, justament amb el lema «Desobeïm, trenquem fronteres». Som coneixedores de les limitacions que imposen la UE i l'Estat espanyol en matèria de drets humans. També hem vingut aquí a denunciar-ho. I de la mateixa manera que tenim companyes que han estat encausades, jutjades i condemnades a penes de presó per treure refugiades dels camps, nosaltres també estem disposades a desobeir davant l'Estat espanyol per visibilitzar que una de les bases de construcció de la nova república justament haurà de ser una nova concepció dels drets fonamentals de les persones.

Amb tot, crec que en aquesta legislatura no ens hem proposat fer una declaració unilateral, fent ús de la majoria independentista parlamentària, perquè vam entendre que volíem dur a terme aquest procés fonamentat amb les millors bases democratitzadores. En aquest sentit, era molt més clar sumar els partidaris de la independència a partir d'un referèndum adreçat a respondre exactament sobre això, i no sobre qualsevol altra qüestió. Un dels efectes que ha de tenir el referèndum –quan diem que ha de ser vinculant i que ha de tenir efectes– és que hem de venir avalades per una majoria de la població. És una de les millors fortaleses que tindrem per aguantar el resultat, en el cas que sigui el sí. En el cas que sigui el no, que també es demanava, nosaltres ja hem dit que acceptarem una majoria del no, com no podria ser d'una altra manera. A canvi, hem de demanar als partidaris del no, o de l'abstenció, que acceptin, si és el cas, una majoria del sí. Estem preparades per respondre a actes violents que hagin pogut cometre infiltrats? Jo crec que els actes violents comesos per infiltrats fa temps que duren, que no són nous en aquest país. D'infiltracions n'hi ha de molts tipus. No fa gaire vèiem com s'intentava captar un militant del moviment llibertari de Barcelona perquè subministrés informació a la Policia Nacional espanyola. Això, en aquest moment, està a judici. Les infiltracions en els espais de dissidència política existeixen des de fa molts anys. Ara el que passa és que la dissidència política respecte a l'Estat espanyol és més gran i més massiva, i alguns la descobreixen per primera vegada. Però insisteixo que les infiltracions existeixen, i des de fa molt temps.

El que ha de passar perquè això no sigui un nou 9-N, d'entrada, és que no en direm «consulta» ni «procés participatiu». En diem «referèndum», i ha de tenir tota la logística que acompanyi la celebració d'un referèndum. Per tant, hi haurà, si es vol, participació del voluntariat, però un compromís de l'executiu, de les institucions catalanes, i un acompanyament evidentment de la legislació que emani del Parlament per fer-lo efectiu. Sobre la Llei de transitorietat, el que fa és preveure la transició cap a un nou estat constituït, amb tot el control i domini sobre els seus béns i recursos des de l'endemà del referèndum. Fins al moment que puguem aconseguir això –que a ningú se li escapa que no va de vint-i-quatre ni de quaranta-vuit hores–, la Llei de transitorietat preveu la transició o el pas cap a aquesta nova legislació plena, i cap al control efectiu d'aquests recursos. Per tant, la Llei de transitorietat no pot ser una DUI *de facto*, perquè si volguéssim fer una DUI, ja l'hauríem fet. El que hem de fer és preveure-ho, anticipar-nos i preparar l'escenari si guanya el sí. I això és la Llei de transitorietat. No pot ser que, perquè vingui un advertiment penal, diguem que no farem el referèndum. Ja sabem que vindrà. De fet, ja hi és. No pot ser que, perquè ens amenacin d'alguna manera, diguem que no el fem.

Efectivament, el reconeixement vindrà si som capaces de fer el referèndum. No tindrem promeses de reconeixement *ex ante*, ni tindrem expectatives de res. Ho deia abans: el crèdit internacional s'acabarà si no fem res, però el crèdit internacional pot començar si demostrem que estem disposades a fer alguna cosa. I aquesta cosa és celebrar el referèndum i guanyar-lo. Crec que tampoc ens ha de fer por que no hi hagi res garantit, perquè segurament és difícil tenir res garantit en aquesta geopolítica gestada en els interessos dels estats. Però només tenim alguna cosa a guanyar: que efectivament arribin reconeixements, la independència sigui possible. El contrari seria renunciar a tot això i quedar-nos com estem. I nosaltres no hem vingut a fer això.

Això no va de demostracions heroiques de valentia. Tot el respecte a totes aquelles persones que quan els han fotut les hòsties físiques no les han aguantat. A totes aquelles persones que en llargues sessions de tortura han defallit. No es pot banalitzar mai sobre les hòsties, ni sobre la tortura, ni sobre la por que pots tenir davant de situacions en les quals la teva integritat física està en joc. Diria que l'esquerra independentista, amb tots els seus errors i les seves debilitats, ha demostrat àmpliament, en els últims quaranta anys, que d'hòsties n'han rebut unes quantes. Alguns fins i tot han arribat a perdre la vida, i nosaltres no som res més que els hereus d'aquella història.

VIII

MENTRE DURIN LES AMENACES, NOSALTRES PARLAREM DE VIDA

Intervenció com a portaveu del Grup Parlamentari de la CUP-CC en el debat relatiu a la Llei del referèndum d'autodeterminació el dimecres 6 de setembre de 2017.

Bona tarda.

Demanaria a la Mesa fer una única intervenció. Dels quinze minuts, acumularíem el que té a veure amb la presentació de les esmenes, amb l'exposició sobre la llei, i fins i tot una qüestió d'ordre que nosaltres no hem manifestat amb anterioritat, però volíem justament començar per aquí.

Hem de lamentar l'actitud de determinats diputats i portaveus en el ple d'avui. No pretenc obrir polèmica. No pretenc obrir rèplica. Tan sols volem fer constar la falta de respecte que avui es manifesta a la presidenta del Parlament. Sobta, sobretot, per part de qui fa al·legat de les prerrogatives dels diputats. De qui defensa de manera tan estricta el compliment del reglament.

En segon lloc, creiem que queda de manifest que s'amaga, en debats de forma la manca de voluntat d'abordar un debat de fons. Estem cansades de confusions d'índole reglamentària i parlamentària. No sé si, a més a més, també amagueu la voluntat de desacreditar aquest Parlament. Probablement, en una cambra de representació de matriu estatal no us hauríeu comportat de la mateixa manera.

En tercer lloc, això avui no és un debat de legalitats. Per a nosaltres és un debat de legitimitats. I tenim la sensació que, encara que hi estigui havent una pulcritud extrema i una generositat demostrada per part de la Mesa i per part de la presidenta, no en teniu prou. Esteu disposades i sou còmplices que aquesta llei sigui suspesa. Per tant, la qüestió, hi insistim, no és de legalitat. Són les legitimitats.

En últim lloc, volem també explicar que no hem intervingut de manera reiterada en les qüestions d'ordre, creiem que per una qüestió de responsabilitat, que contrasta amb l'actitud que probablement han tingut altres diputats i portaveus. Sort que érem nosaltres, els antisistema. En qualsevol cas, que quedi clar, avui més que mai, que nosaltres no som d'eixe món.

Entro perquè corre el temps, i per a nosaltres és important aquesta intervenció. Ahir el grup parlamentari de la CUP - Crida Constituent, però també aquest matí, acompanyades de companyes de l'àmbit municipalista de la CUP , dèiem que aquesta setmana és especial per a nosaltres. És especialment important. I ho hem fet, a més, recordant quins eren els nostres objectius d'aquesta legislatura. Reconeixíem, de fet, que en matèria d'embat i de combat de l'emergència social, i també en matèria d'activació del procés constituent, probablement no hem aconseguit articular les majories necessàries que donessin respostes a les demandes existents.

Unes demandes, malauradament, massa urgents, a les quals creiem que aquest Parlament no ha sabut prestar prou atenció, i nosaltres ho lamentem. Però sí que dèiem, i diem, que podem celebrar que avui portem a debat i a aprovació aquesta Llei del referèndum.

El temps d'intervenció que tenim no ens permet abordar tal com caldria, entenem, com hem arribat fins aquí. Però sí que hi ha un parell de qüestions imprescindibles que cal posar sobre la taula.

En primer lloc, l'objectiu de l'esquerra independentista ha estat, és i seguirà sent l'exercici del dret a l'autodeterminació als Països Catalans. Un dret, el de l'autodeterminació dels pobles, que contraposa el poder popular amb el poder dels estats. I més, en el cas d'uns estats inserits en un club d'estats com és el de la UE, que ha demostrat àmpliament quin poc interès que té pels drets col·lectius.

Els Països Catalans són el nostre marc, són el nostre projecte polític, i per tant, assumim que el referèndum que ens hauria agradat impulsar és el referèndum als Països Catalans. Però res no ens impedirà seguir treballant per la construcció nacional. La que ha d'impugnar la cartografia del règim del 78, aquell règim que segellava, com bé sabeu, la separació forçada i la impossibilitat de federar-se entre territoris. Com també segellava la impossibilitat d'impulsar projectes socials alternatius als del capitalisme i el patriarcat.

Aquest és el nostre horitzó veritable i complet. Uns Països Catalans lliures de capitalisme i patriarcat. Agermanats amb la resta de pobles lliures del món.

La segona prèvia té a veure amb el reconeixement necessari que hem de fer, també, a moltíssima gent. Si és possible que avui debatem i aprovem una Llei del referèndum no és per nosaltres. És perquè hi ha hagut un gruix importantíssim de gent que ha fet que les institucions haguessin de donar una resposta democràtica al conflicte democràtic obert amb l'Estat espanyol. No podem remuntar-nos a totes les lluites que ens agradaria recuperar, però sí que ens agradaria fer un esment especial a la gent que ja va lluitar contra el règim del 78 i que va ser torturada i empresonada per fer-ho. I també a aquelles persones que van impulsar les consultes populars per la independència a les seves viles i ciutats. Probablement són els predecessors recents més determinants per explicar que avui reivindiquem i materialitzem les condicions jurídiques de possibilitat d'un referèndum d'autodeterminació com a instrument democràtic per resoldre el plet del poble de Catalunya per l'accés a la seva sobirania política.

Un record doncs, avui especial, per a la gent de la consulta d'Arenys de Munt, per totes aquelles que, fins al darrer poble i ciutat, van possibilitar, entenem, que avui presentem i aprovem aquesta llei.

Aquesta història, de fet, la que comencem a escriure com a subjecte polític avui, té el seu protagonisme principal en la gent. Amb ella comença tot, i amb ella continuarà tot. El poble, la determinació popular, ha anat al capdavant. De fet, avui els càrrecs electes, les institucions, el que fem és obeir. I per això estem orgulloses. I per això creiem que tothom ha de sentir la responsabilitat que li pertoca en funció de la posició que ocupi.

Dit això, i encara que sigui només breument, deixeu que faci també alguna al·lusió als debats generats entorn del compliment del reglament, de l'adequació a l'Estatut d'autonomia, de la contravenció dels incidents d'execució de la sentència del Tribunal Constitucional Un breu esment a aquells qui apel·len permanentment als drets vulnerats dels diputats, als drets vulnerats de les minories parlamentàries «que per ser minoria, el suport dels òrgans judicials i de l'Estat que teniu no està gens malament; ja els agradaria, a moltes minories, tenir el suport que vosaltres teniu»; a aquells que critiqueu la unilateralitat; a aquells que penseu que el referèndum d'avui no és el que necessitem, perquè només està al servei d'un relat d'uns partits Mireu, la CUP - Crida Constituent ha vingut a fer política. La CUP - Crida Constituent és una formació política independentista, socialista i feminista. I nosaltres volem fer política, que no és parlamentarisme autonòmic. Sabem, a més a més, que fer política en el si de l'Estat espanyol, com a mínim en la Constitució espanyola, amb el seu executiu, el seu poder judicial, amb els poders fàctics, és a dir, amb tot allò que forma part del règim del 78, és impossible. Perquè són un límit. Són un mur, són un impediment.

Són un impediment per plantejar la recuperació de sobiranies, totes. La nacional, l'alimentària, l'econòmica, la cultural, la residencial. I cal que anem també, per això, més enllà del mur, del límit, de l'impediment. Són un mur per defensar drets col·lectius. Són el mateix mur que existia quan les dones no teníem dret a sufragi. I afortunadament, un dia vam desbordar aquest mur. Els límits legals que existien quan a les persones homosexuals no se'ls permetia el matrimoni; aquests, també un dia es van desbordar. L'impediment per decidir sobre el nostre divorci, un dia també es va veure desbordat. Aquests dies, i n'hi ha molts, són els dies que duren anys.

Com avui, que comencem a desbordar un límit. Un límit que es va imposar el 78 per persones que a nosaltres no ens representaven, per persones que feien política en un context de por. I algunes d'elles portaven molts morts a les esquena i molts morts a les mans. El que no podem entendre és com vosaltres accepteu aquests límits. Com us podeu sentir còmodes amb aquests límits? Sabeu per què? Perquè no només voleu negar el dret a l'autodeterminació. La vostra negativa va molt més enllà. L'Estat, l'executiu, el poder judicial, els poders fàctics, la representació que hi ha en aquesta cambra parlamentària del règim del 78. Els que no volen justícia social, ni un sistema econòmic que posi fi a les desigualtats, són els mateixos que també ens volen negar el dret a l'autodeterminació. Aquells que no volen que trontollin les bases hereves del franquisme són també aquells que no volen que exercim el dret a l'autodeterminació.

Per al poder i els qui s'hi subordinen, és essencial negar el dret a l'autodeterminació. Perquè saben que és un dret que obre portes a molts altres drets. I sobretot, obre portes al fet que el poder el tingui la gent.

Malgrat que ho repetiu i ho repeteixin, aquesta llei no és un cop d'estat. Aquesta llei no vulnera cap dret. Aquesta llei no s'inspira en cap totalitarisme ni en cap voluntat anihiladora. Malgrat que ho repetiu mil vegades, no es farà cert.

Senyor Coscubiela, el dret a l'autodeterminació no es defensa en la teoria. El dret a l'autodeterminació no consisteix a subordinar la voluntat d'un poble a unes majories parlamentàries que es donen en l'Estat que ens nega constitucionalment el dret a autodeterminar-nos. El dret a l'autodeterminació no consisteix a transformar aquest estat que ens nega aquest dret. Ni tan sols a esperar *sine die* que canviïn les legislacions allà on no tenim, és evident, capacitat de modificar-les. Nosaltres justament no rebutgem les aliances amb la gent de baix, que justament arreu de l'Estat es manifesta a favor del dret a l'autodeterminació de Catalunya.

A les companyes d'Andalusia, a les de Galícia, les del País Basc, les de l'Aragó, a Castella, Astúries A totes les terres que legítimament i com nosaltres també volen construir el seu propi present de pau, justícia i llibertat, i troben en l'exercici del dret a l'autodeterminació de Catalunya una possibilitat perquè elles estiguin també més a prop d'aquesta justícia i d'aquesta llibertat.

La millor manera de contribuir-hi, ara i aquí, és trencant el cadenat del 78. Ja no per Catalunya, sinó per la resta de pobles de l'Estat, també. Allò que justament els seus companys i companyes van defensar arran de la seva fundació.

Marcelino Camacho deia que «*el derecho a huelga se consigue haciendo huelgas. Que el derecho de reunión, reuniéndose. El de asociación, asociándose. Y todos estos atributos de la libertad, es únicamente la acción de masas la que puede acabar imponiéndolos*». Ho fem avui, sense esperar el permís del reglament o del Consell de Garanties Estatutàries. Ho fem avui, perquè l'únic permís que esperem és el del nostre poble.

Així entenem nosaltres el dret a l'autodeterminació. No en la teoria! En la pràctica. Aquest, per tant, no és un debat jurídic. I fins i tot si volguéssiu convertir-lo en un debat jurídic, us demanaríem que entenguéssiu que el dret és alguna cosa que va molt més enllà d'allò que recull estrictament la Constitució espanyola. Permeteu que puguem entendre el dret com a instrument de resolució de conflictes. Permeteu que puguem entendre el dret com una eina per donar solucions a necessitats. I no com una llosa per aixafar voluntats majoritàries.

Deia un dels nostres referents, un sard que va morir empresonat pel feixisme italià, que l'única manera de predir el futur és organitzar-se i fer que ocorri allò que vols. Doncs nosaltres avui fem exactament això. Construir l'eina que pot fer possible que el futur sigui allò que volem. O més ben dit, allò que vulgui la gent. També l'electorat dels partits polítics que avui pretenen negar el dret al debat i a l'exercici del dret a l'autodeterminació, a qui vosaltres indirectament també esteu negant el dret que puguin votar sí o no, i puguin expressar-se.

És una llei instrument, però que conté tots els elements necessaris: la data, la pregunta, la sindicatura electoral i el conjunt dels mecanismes garants. És una llei que per a nosaltres hauria estat bé que hagués ampliat el dret de sufragi al conjunt de la ciutadania que viu a casa nostra. No ha estat possible. Però en qualsevol cas és una llei que significa que el Parlament fa avui un pas molt important. Perquè passem de l'autonomia a la sobirania. I no és qualsevol pas, ni és qualsevol llei. Per a nosaltres era un dels compromisos principals de la legislatura.

Reiterem que potser no hem estat a l'altura a l'hora de fer realitat altres reptes jurídics i polítics que també hi havia en aquesta legislatura. Perquè la situació d'emergència social, de pobresa i injustícia que pateix bona part de les classes populars d'aquest poble no s'ha resolt. Per manca de valentia d'algunes, o segurament pels lligams vergonyosos que teniu algunes de vosaltres amb interessos de part.

En tot cas, l'aprovació d'aquesta llei d'autodeterminació, la Llei del referèndum, obre les portes a molts canvis. Esperem que a profundes transformacions polítiques, econòmiques i socials. Obrim la porta, de fet, a un procés constituent. I hi insistim, nosaltres considerem acomplert el principal mandat parlamentari que teníem en aquesta legislatura. Un mandat que era inajornable i que ens ha de donar lloc, a més a més, a un nou mandat, el mandat que donin les urnes l'1-O.

Ara, senyors Puigdemont i Junqueras, la responsabilitat és seva. Són al capdavant d'un govern que saben –sabem–

que té al davant un Estat espanyol que posarà mitjans jurídics, polítics i repressius per tal d'evitar que es posin les urnes l'1-O.

És a les seves mans que hi hagi col·legis, urnes, paperetes, targetes censals. Que, en definitiva, convertim aquest referèndum en el referèndum vinculant que espera el país. Davant d'un estat prohibidor, només ens podem deure a l'obediència a la gent. I sabem que necessitarem desobediència institucional i social a les prohibicions dels òrgans judicials. Si vostès assumeixen la seva responsabilitat, no tinguin cap dubte que la gent assumirà la seva anant a votar l'1-O. Mentre hi hagi crits d'alarma i d'excepció, i l'amenaça constant del Constitucional, nosaltres ens disposem a sortir als carrers, a defensar els nostres drets i a preparar-nos per guanyar el referèndum.

I és que mentre durin les amenaces del Partit Popular, del Partit Socialista i de Ciutadans, nosaltres parlarem de vida. Mirem al futur amb la convicció que sigui el que sigui el que surti de les urnes el proper 1-O, el poble de Catalunya, com un dia ho faran el conjunt dels Països Catalans, i tota la humanitat sencera, hem escollit autodeterminar-nos. Perquè hem escollit prendre partit, perquè hem escollit governar-nos.

IX

DELS PAÏSOS CATALANS AL MÓN: AQUESTA ÉS LA NOSTRA PÀTRIA

Extracte del discurs a l'acte polític de la Diada de 2017 organitzat a Barcelona per l'esquerra independentista.

Els 28 de juny o els 28 de setembre, totes les jornades de lluita, hem sortit a reivindicar la llum per vèncer la foscor del capitalisme, per vèncer la foscor del patriarcat, per vèncer la foscor dels estats espanyol i francès.

La nostra «no ens cansarem de dir-ho» és una lluita per la independència plena. Per la plena sobirania. I això per a nosaltres significa l'accés de la classe treballadora, i de la resta de classes populars, a la possibilitat d'elegir els nostres propis destins. Com deia aquell bell barbut a qui nosaltres tant estimem, les obreres no tenim pàtria. Perquè justament no es pot prendre allò que no posseïm. I precisament per aquest motiu hem de conquerir el poder polític. Elevar-nos a la condició de classe nacional i constituir-nos, nosaltres mateixes, en nació. Encara que no tingui res a veure amb la nació burgesa. Vagi pel poble cubà, que ha plantat cara també a l'Irma.

La nostra és una lluita per exercir el dret a l'autodeterminació del conjunt dels Països Catalans. També perquè les treballadores siguem responsables del nostre propi destí.

També perquè les dones siguem reines de les nostres pròpies vides. Que no hi hagi mai més explotació. Ni laboral, ni sexual, ni ecològica, ni de cap tipus. Que la nostra terra no tingui fronteres, que hi sigui benvinguda qualsevol que vulgui venir-hi a viure i pugui treballar-hi.

Però desitjos tan elevats, en moral i en ètica, han contrastat durant molt temps amb la grisor i la mediocritat del règim del 78, ple de renúncies i traïcions. I d'una por molt antiga, aquella que neix el 1939. La que està maleïda de silencis. La que neix de la tortura i les presons, que travessa els Pirineus descalça; la que ha de viure *L'Escola de Ribera* o la que ha d'aixecar el braç.

I l'esquerra independentista, nascuda hereva de les que tenien por, hem crescut i ens hem alçat gràcies a aquelles que ens van ajudar a vèncer la por. I conjuntament amb moltes altres hem fet, com aquell home que mirava el cel mentre repassava l'estel fugaç i pensava en muntanyes de desitjos prioritaris[1]:

Que el dolor mai ens apagui la ràbia
Que l'alegria no ens desarmi l'amor
Que els assassins dels poble s'empassin
les seves molars, els ullals, les incisives
i es mosseguin judicialment el fetge
Que els barrots de les cel·les es tornin de sucre, o es corvin de pietat
I que les nostres germanes preses puguin fer de nou
l'amor i la revolució

Que vagi per totes les preses que estan en aquestes presons que empresonen pobles i pobres!

1. Anna Gabriel cita el poema de Mario Benedetti, «Hombre que mira el cielo». (N. de l'ed.)

Per tot això, l'esquerra independentista va dir no a la Constitució espanyola del 78 i va haver de lluitar per l'amnistia sense empassar-se aquella amnistia que perdonava els assassins i torturadors del franquisme. Va denunciar, enmig d'un silenci eixordador, l'empresonament d'independentistes, anarquistes i comunistes. De la mateixa manera que hem seguit denunciant la persecució de la dissidència política. Com hem fet amb totes i cadascuna de les operacions i els muntatges d'estat.

Per això, també l'esquerra independentista va dir no a l'Estatut, i va dir no a la reforma de l'Estatut. I vam denunciar l'autocensura dels autonomistes, inclosos aquells que es deien independentistes i que van acceptar viure amb un estatut que pretenia encaixar amb la Constitució del 78.

També vam denunciar les retallades a l'Estatut de la vergonya. Sí, les que aleshores van acordar aquell president del Govern espanyol i aquell cap de l'oposició al Govern de la Generalitat. Però també vam denunciar les retallades del Congrés dels Diputats i les retallades que el Tribunal Constitucional va imposar. L'Estatut va néixer mort, i per això es va sortir al carrer. I vam omplir els carrers. Com hem omplert els carrers d'aquest país en les vagues generals en què hem denunciat que les treballadores hem de treballar cada vegada més per menys, si és que tenim sort de tenir feina. I a la vegada, la burgesia cada vegada és més rica, i nosaltres, més pobres.

Que vagi també per totes aquelles que hi heu posat el cos, que us han grapejat, detingut, empresonat, les represaliades de totes i cada una de les vagues generals d'aquest país. Perquè el poder es concentra en mans de tan pocs, i nosaltres som tantes més, que no podem fer altra cosa que denunciar que les nostres vides tinguin preu. O que fins i tot les nostres morts siguin gratuïtes, mentre que els que concentren més riquesa i poder comptin per milions el que val cada segon de la seva vida. Perquè cada vegada ens obliguen a treballar més i se'ns despulla de més drets laborals, socials i polítics.

En aquest país també ens ha tocat denunciar aquesta classe política venuda als interessos dels bancs, a qui hem regalat tants milions, milions que eren del poble.

Una classe política, l'autòctona i la forana també, que roba, roba molt més del que pot suportar la legislació que ells mateixos van fer per blindar-se. Han utilitzat la sanitat, el Palau, les infraestructures, els serveis públics, per finançar els seus partits i la seva luxúria. Vergonya, senyors, vergonya.

I és que en aquest país també ens ha tocat defensar el català, per poder-lo treure de decrets i tribunals. Volien tancar-lo a casa, i també a nosaltres ens ha tocat reivindicar que fos a les escoles i als carrers.

Hem seguit denunciant la cartografia del poder, l'estat de les autonomies, dissenyades expressament per fer-nos oblidar que som Països Catalans. I tot això, sense oblidar que els estats espanyol i francès, però també la UE, són instruments de dominació dissenyats per doblegar-nos políticament i jurídica. I quan sigui necessari, diplomàticament i militar.

Els Països Catalans, la seva màxima llibertat política i la possibilitat de poder construir un model polític i social alternatiu al capitalisme patriarcal i colonial, no són possibles dins d'aquests estats i aquesta UE. Si és que hi ha pocs consensos avui en dia, però si n'hi ha un, a hores d'ara, és que és impossible que en el marc de les autonomies, els estats i el capital, hi hagi possibilitat de reconquerir les sobiranies que ens pertoquen.

És que l'autodeterminació no s'ha d'acordar amb ningú. L'autodeterminació s'exerceix. La independència mai no serà conseqüència ni de cap mesura parlamentària ni legislativa, sinó que serà el resultat d'un procés de desobediència i insubordinació contra el poder constituït per la constitució del poder popular. Sense desobediència no hi ha independència.

La setmana passada, amb la convocatòria del referèndum, vam posar en mans del país la possibilitat d'exercir el dret a l'autodeterminació. Això vol dir que totes i cada una de nosaltres esdevinguem subjectes polítics de primer ordre. Rectifico, totes i cadascuna de les persones, no. No hem tingut la majoria suficient per desbordar les lleis racistes; no hem pogut posar fi a l'apartheid polític que fa que hi hagi persones que viuen al nostre país i que encara no tenen drets polítics i civils.

Però elles també saben que avui la mobilització és vital per identificar que els carrers seran els que sostindran el pols amb l'Estat. I que la mobilització no pot acabar-se avui ni l'1 d'octubre. Les urnes i la victòria en el referèndum depenen del que passi en tots i cada un dels dies que falten per arribar a l'1 d'octubre i més enllà.

És fonamental que l'Estat no tingui prou instruments per evitar que el dia 1 es posin les urnes. Això només és possible si el voluntariat es compta per desenes de milers. Això només és possible si els ajuntaments fan el que algunes ja van fer fa pocs dies: estripar les interlocutòries que vinguin del Tribunal Constitucional. Això només és possible si veuen que som majoria les que no ens dobleguem davant de la intimidació policial; si som majoria les que fem campanya pel sí. Hem de desbordar l'Estat, que sigui materialment impossible tancar-nos a totes a la presó.

Hem d'aguantar. Hem de lluitar ni que sigui un segon més que ells. Hem de quedar-nos nosaltres la victòria.

Hem de deixar clar, a més, que aquestes són les urnes d'un referèndum. A la direcció dels comuns: no, el referèndum no és una mobilització ciutadana; el referèndum és un referèndum. Perquè qui diu que és un referèndum no són les elits; és la gent, el poble. El que fa que sigui un referèndum vinculant és que la gent ho demana. No n'hi ha prou amb els recursos que està emprant l'Estat «judicials, policials, econòmics i governamentals» per impedir-lo. És que no veuen que la carta de naturalització d'un referèndum no és que sigui acordat amb l'Estat, sinó que el poble vulgui exercir-lo. Sigui quin sigui el resultat de la consulta interna del partit.

Això no va de partits. Això va de dret a l'autodeterminació. I no volem ni podem acceptar que la gent que diu que és d'esquerres, que diuen que volen fer fora les elits del poder, que volen exterminar la corrupció i les tiranies, ara, en canvi, quan la corrupció i les tiranies volen evitar el referèndum, ells encara els ho facilitin més.

Senyora Colau, posi col·legis.

Pablo, si la prioridad es echar al PP, *al* PP *se le echa llamando a votar el 1-*O. *Esto no va de echarlos para poneros vosotros. No va de sillas ni pactos de legislatura. Va de libertades, va de democracia y de pulso popular.*

I també hem d'emplaçar el Govern de la Generalitat de Catalunya. No avalarem cap compareixença pública en què se'ns digui que el referèndum no es pot fer. I no avalarem cap compareixença que pretengui mercadejar els resultats per arribar a pactes. L'esquerra independentista hem fet part d'aquest camí amb forces polítiques amb qui mantenim un combat ideològic, polític, de carrer i de fons. Que aquesta aliança tàctica puntual que ens ha dut a defensar el referèndum per a aquest país no ens faci perdre de vista que els Països Catalans que nosaltres volem construir seran possibles només si nosaltres guanyem el combat.

Aquesta aliança tàctica ha tingut costos per a l'esquerra independentista. La CUP va aprovar uns pressupostos de misèria, inassumibles per a l'esquerra independentista. I nosaltres no vam entrar a les institucions per facilitar l'aprovació de pressupostos que avalen sistemes econòmics que van en contra nostra, contra les classes populars.

I ho vam fer, probablement perquè ens va faltar força, o perquè ens va faltar valentia. Però nosaltres, que tenim en la nostra coherència i honestedat una de les principals vàlues; que venim de plantar cara a les retallades, de denunciar la privatització de l'educació i la sanitat; que venim de defensar el territori de la depredació del mercat, de voler posar fi a les nuclears, el Barcelona World i les cimentacions innecessàries; que venim d'ocupar cases «aquesta mateixa setmana, al carrer Robadors; una casa de l'esquerra independentista, de les putes indignades, de l'habitatge per a les joves»; nosaltres, que som això, vam fer allò que mai no hauríem volgut fer.

És per això mateix, també, que defensarem aquest referèndum amb tota la força. Amb la força d'aquell qui ha pagat un preu, i que no dubtarà a aixecar punys davant les temptacions de pacte o de traïció.

Hem de deixar clar al Govern que des d'ara fins a l'1-O l'escenari de desobediència a tribunals i amenaces és l'únic camí. I també ho fem per responsabilitat internacionalista. Nosaltres mateixes ens exigirem ser implacables en la defensa per fer possible l'1-O. I ho farem perquè les kurdes de Rojava necessiten que demostrem que no estan soles contra la tirania. Perquè a les palestines, a les indígenes de la comandància, a les desaparegudes de l'Argentina, a les d'ahir i les d'avui, a les que lluiten contra el capital a les portes dels Estats Units, a les que es manifesten contra el KKK modern, a les que continuen lluitant contra la Troica a Grècia, a les que s'escapen de Boko Haram, que construeixen rebel·lia a la Cabília, a totes elles també els devem guanyar el dret a l'autodeterminació. Perquè guanyant-lo ens apropem a un món més just.

Nosaltres no som de mirar-nos al melic. Som les que volem trencar cordons de submissions i esculpir un cos fraternal amb les treballadores d'arreu; amb les nostres andaluses, les nostres asturianes, basques, castellanes, gallegues, les que sempre hi són quan nosaltres també hi som.

I necessitem no perdre, el dia 1. I per no perdre necessitem també seguir lluitant el dia 2. Que ens diguin el que vulguin. Extremistes, si volen. Citant Hugo Chávez, podríem dir:

> *Por todos lados ven extremistas, los imperialistas. No es que seamos extremistas, es que el mundo está despertando, y por todos lados insurgimos los pueblos. Los que clamamos por la libertad plena del mundo. Por la igualdad de los pueblos, por el respeto a la soberanía de las naciones. Sí, nos llaman extremistas. Insurgimos contra el imperio, contra el modelo de dominación.*[2]

Que ens diguin el que vulguin, però seguirem lluitant el dia 2. La independència serà plena si escampa un nou món, que portem en els nostres cors, a tots i cadascun dels

2. Al final de la cita, Anna Gabriel pronuncia el nom de l'autor: i la plaça del Comerç esclata en una ovació atronadora. (N. de l'ed.)

racons del país. La independència serà plena si posem fi a un capitalisme caníbal, que porta precarietat a casa nostra i exporta mort arreu del món.

Hebe de Bonafini deia:

> *Mientras haya en el mundo un solo niño que carezca de pan, de fruta y leche, un solo niño que mastique su hambre desde el alba, ¿de qué sirven los discursos, conferencias, seminarios, simposios, bellas cartas, si hay un solo niño con hambre?.*

Això farem nosaltres. Del món als Països Catalans, lliures i socialistes, aquest és el nostre camí. I dels Països Catalans al món, aquesta és la nostra pàtria. La de cap infant passant gana, la que trenca cadenes, la que posa fi als tirans. I aquest és el nostre compromís: lluitar cada dia i viure prenent partit. Parlarem i sentirem la vida.

X

AIXÒ VA DE CAPGIRAR EL SISTEMA DE DALT A BAIX

Discurs pronunciat a l'acte polític de la CUP-CC a Terrassa, el 17 de setembre de 2017, en el context de la campanya pel referèndum de l'1 d'Octubre «Viure és prendre partit».

Molt bon dia, Terrassa, i moltíssimes gràcies per ser a Vallparadís.

La plaça és plena. I crec que això ha de ser un missatge que han de rebre altres partits polítics i formacions. La plaça és plena perquè la gent té set de campanya. Tenim set d'arguments, de debat polític, d'ocupar l'espai públic. Sembla que només estiguem fent campanya la CUP. Trobem a faltar molta gent fent campanya.

Gràcies també a les persones que han fet possible l'acte, a la militància de la CUP i l'esquerra independentista de Terrassa. Deixeu-me, també, que doni les gràcies a una gent que ens acompanya: la gent del moviment llibertari, del moviment anarquista. Elles, les urnes no se les han cregut mai. Però saben que si votar serveix d'alguna cosa, és aquest 1 d'Octubre. Gràcies a la gent del Kasalet, de l'Assemblea Okupa de Terrassa per aquests vint anys d'història i dignitat. Gràcies, Franki.

És que la gent de l'esquerra independentista que fa molts anys que militem, que sortíem al carrer l'Onze de Setembre i les diferents diades dels Països Catalans, quan no hi sortia gaire gent, sabíem perfectament que la lluita pel dret a l'autodeterminació no era per la independència entesa com la nova configuració d'unes fronteres, una bandera i un himne oficial.

Per tant, aquestes esquerres que ara descobriu que la lluita pel dret a l'autodeterminació, en el referèndum de l'1 d'Octubre, s'està convertint en una lluita pels drets civils i polítics, per la defensa d'uns drets fonamentals que ens estan arrabassant, què us pensàveu? És que nosaltres ja sabíem que l'exercici del dret a l'autodeterminació i la seva defensa torpedinen les bases del règim del 78, de l'Estat espanyol. És un atac a la línia de flotació d'aquells militars franquistes que es van encarregar que la Constitució digués que només hi havia una nació i que era indissoluble. Que estaven disposats a defensar-la per terra, mar i aire.

És que nosaltres ja sabíem que l'Estat espanyol no es pot permetre el luxe que les seves nacions s'independitzin. Perquè viuen d'això. Les elits de l'Estat es gesten en les prohibicions, en la por, en la negació de dret. No només de drets nacionals; l'Estat espanyol, la Constitució, les elits franquistes van tancar una etapa amb un fals consens de llibertat per seguir blindant els interessos dels de sempre. No és només que ens neguin la paraula, als pobles; és que ens neguen la paraula, als pobres. Hi ha una constitució espanyola que blinda la propietat privada mentre hi ha gent que dorm als carrers, que els fan fora de casa seva. Una constitució que diu que primer paguem els interessos als bancs, a aquella gent que no ha parat d'acumular beneficis mentre nosaltres treballem cada vegada més per menys, si és que tenim la sort de treballar.

Això és també la Constitució espanyola, que no deixa que les dones puguem decidir sobre el nostre cos. Que diuen que primer és el dret a la vida. Quina vida? La de les dones treballadores? Amb una jornada de triple explotació: a la feina, a casa i, a més, obligades a estar guapes, a ser perfectes. Resulta que es fixen en el nostre cul, en els nostres pits, en el nostre pentinat. Què hi fa, aquí, l'Estat espanyol? No hi fa res. L'Estat espanyol es gesta volent que siguem submises. Que siguem disciplinades. Que no estiguem en política. Que estiguem a casa, tancades. Què es pensava, aquesta gent d'esquerres, quan descobreix que la lluita per la independència es converteix en una lluita pels drets fonamentals? És que els drets fonamentals dels pobles són els de la gent que hi viu. És obvi que ens enfrontem a un règim que no ens vol ni lliures com a poble, ni dignes com a classe, ni sobiranes com a dones.

Per tant, com a socialistes i defensores dels drets col·lectius dels pobles, no podem fer cap altra cosa que anar a votar l'1 d'Octubre. El Benet deia que avui uns intel·lectuals ens han regalat unes reflexions sobre què serà l'1 d'Octubre[1]. Mireu, si hi ha alguna intel·lectualitat d'esquerres a l'Estat espanyol són els antifeixistes de Vallecas. Les companyes del SAT d'Andalusia. La gent del Centro Republicano d'Astúries, que ahir va organitzar una xerrada. El Madrid del «*No pasarán*». Els Països Catalans antifeixistes. És que els "intel·lectuals" de El País i els que ens vinguin a dir no ens interessa. ¿És que no se n'adonen, que la gent

1. Anna Gabriel es refereix aquí al manifest que va publicar el diari El País el 17 de setembre de 2017 en contra de la participació en el referèndum de l'1 d'Octubre «1-O Estafa Antidemocrática» i que van signar escriptors, directors i artistes de l'àmbit de l'anomenada progresía espanyola. (N. de l'ed.)

té set també de veure què diu i què pensa la gent senzilla, normal, treballadora? No necessitem tants líders polítics ni tanta "intel·lectualitat" per saber què hem de fer.

I també li diria, a l'alcalde de Terrassa, que no sé si ha decidit acompanyar-nos aquest matí, que nosaltres vam ser als carrers d'aquesta ciutat acompanyant l'equip de govern i la ciutat per la municipalització de l'aigua. Volem que l'aigua a Terrassa sigui pública. Que no facin negoci amb l'aigua, perquè és un dret fonamental de vida. I vam ser-hi acompanyant l'alcalde perquè municipalitzar l'aigua vol dir dues coses: desbordar la llei i desbordar els interessos dels lobbys. Senyor Ballart, l'1 d'Octubre és exactament la mateixa lluita: desbordar la llei, els lobbys i els interessos econòmics. Posi's al costat de la gent que obrirà els col·legis!

I és que alguns encara insisteixen a fer veure que tot això és una operació de la burgesia catalana, com si hi hagués tanta burgesia en un país. Tot això és un interès dels del 3 %, i tot és una maniobra, i totes estem abduïdes seguint els interessos d'uns pocs. Mireu, a nosaltres, lliçons sobre lluita contra la corrupció, les justes. Nosaltres entrem als ajuntaments, en tots i cada un dels pobles i les ciutats d'arreu del país, per denunciar-ne la corrupció. Vingui de Convergència, del PSC o del PP. Ens és igual el carnet de partit que tingui la corrupció. L'hem denunciat des del primer dia! Que no ens vinguin a explicar què és la burgesia catalana; si ho sabem perfectament! Algú es pot creure que fa tants anys que lluitem per servir els interessos de la burgesia catalana? S'equivoquen, i per part d'algunes esquerres és un discurs bastant pobre. Sembla mentida, tants anys d'universitat, de lectura, de doctorats, i que no puguin fer una lectura més complexa de la realitat.

Nosaltres no venim a fer partidisme. Això no va del fet que la CUP sigui més popular i tregui més diputades. No hem vingut a fer partit. Hem vingut a defensar drets i llibertats fonamentals per a un poble. Hem vingut a desmuntar «sí, ho acceptem» el règim del 78. De dalt a baix. I ho diem a la gent d'esquerres: això no va de canviar el Govern de l'Estat espanyol. Això no va de fer fora el PP. És un objectiu en si mateix, d'acord, sempre! ¿Però que ens volen convèncer que amb el PSOE i el senyor Sánchez al capdavant del Govern canviaria alguna cosa? És que l'Estat és molt més que el seu executiu! És el poder judicial, és l'exèrcit, el Consell d'Estat, la banca, el senyor Ortega, les multinacionals. És que el poder ja no el tenen els governs. El govern del PP fa de corretja de transmissió dels interessos dels poderosos. Per tant, apunteu-vos a la lluita pel poder popular. L'objectiu no és aconseguir el poder per a cap partit. Això no va de tenir més escons, cadires o ingressos de les institucions. Això va de capgirar el sistema. De dalt a baix. I que, per fi, en algun racó d'Europa la gent comptem per a alguna cosa. Que puguem dir que decidim sobre la nostra vida, la nostra feina, el nostre sostre, l'educació, la sanitat. L'1 d'Octubre ha d'obrir les portes perquè ho decidim absolutament tot. I, si pot ser, perquè ho canviem absolutament tot.

Nosaltres no hem vingut a fer partit ni a repartir-nos cap pastís, igual com feien el 1842 els teixidors de Vinyals i Galí; la primera manifestació obrera a la ciutat de Terrassa, l'any 42, protestant contra uns horaris infames. Aquella gent no feia partit. Escrivia història de dignitat. O com les que van sortir al carrer a Terrassa, el Primer de Maig de 1890, per aconseguir les vuit hores. Si aixequessin el cap aquells obrers i obreres i veiessin que ara no només hem de tornar a treballar per les vuit hores, sinó per tenir feina, perquè no ens explotin, contra les ETT, perquè no hi hagi tanta pobresa No podem suportar tanta pobresa. Les obreres del vapor Aymerich, Amat i Jover. Aquelles donasses que sabien perfectament que treballar a la fàbrica era una oportunitat per parlar, compartir, expressar-se, organitzar-se.

Al Matías Aguilar, un comunista nascut a Jaén, voluntari al front el 36, el van tancar en camps de concentració i a la presó. Va escapar-se'n i va viure en clandestinitat fins al 1955, any en què va arribar a aquesta ciutat, a Terrassa. Va entrar a militar al PSUC i el van tornar a tancar a la presó. I va fundar els nuclis de CCOO en aquesta ciutat. Aquesta gent no feia partit, construïa dignitat.

Que s'oblidin del seu partit i pensin en les joves del Pla del Bon Aire, moltes de les quals tenen la mirada escapçada perquè no tenen futur. O en el Jonathan Carrillo, brutalment assassinat per la Guàrdia Urbana d'aquesta ciutat. Aquestes són les nostres joves. Les famílies de Can Tuset, famílies sense nom. Les que, per a segons qui, no compten, i per a nosaltres compten molt. Que pensin en el vell avi de la Maurina, que portava tatuat el Che al braç, amb una filla que tenia una parada al mercat, i que estan convençudes que l'1 d'Octubre no es pot fer cap altra cosa que anar a votar. O en les noies de Ca n'Anglada, moltes de les quals planten cara a l'assetjament sexual, al maltractament familiar. Aquesta ciutat està plena de persones dignes.

Per la gent de Ca n'Anglada, aquell Ca n'Anglada que es va despertar un dia assetjat pel racisme, per l'extrema dreta, però que va veure com s'hi responia, que no hi havia cap dubte que tant si venien de fora com si eren nascuts aquí, som la mateixa classe obrera. Que no ens divideixin. El problema no és el pobre que ve de fora. El problema són els rics, els d'aquí i els d'allà.

I ho deia el Benet. Fem-ho, si voleu, per internacionalisme. Fem-ho pensant en les dones kurdes de Rojava, que posen el seu cos per plantar cara a l'extrema dreta totalitarista. La mateixa gent que assassina a les ciutats europees. Fem-ho, si voleu, per les mares palestines. Fem-ho per les Abuelas de la Plaza de Mayo, i per les desaparegudes. Fem-ho, si voleu, per les obreres dels Estats Units que han de seguir plantant cara a l'extrema dreta del KKK. Fem-ho, si voleu, per les gregues que no van aconseguir tombar els interessos de la Troica, però que segueixen lluitant. Fem-ho per les resistents de la Cabília, per les que fugen de Boko Haram. La millor solidaritat és que nosaltres lluitem pels nostres drets a casa nostra, que seran també capil·laritat de drets a casa seva. I que ens diguin el que vulguin. Que ens diguin extremistes, radicals, violentes. Que diguin el que vulguin.

«*Por todos lados ven extremistas, los imperialistas*», podríem dir. «*Y los del PP y los del PSOE*», podríem afegir. «*No es que seamos extremistas, es que el mundo está despertando, y por todos lados insurgimos los pueblos. Los que clamamos por la libertad plena del mundo. Por la igualdad de los pueblos, por el respeto a la soberanía de las naciones. Sí, nos llaman extremistas. Insurgimos contra el imperio, contra el modelo de dominación.*» Que vagi també pel poble veneçolà, per Hugo Chávez. Per la gent senzilla que planta cara als lobbys extraactivistes de l'imperi ianqui.

I acabo. L'Onze de Setembre, en aquesta diada i parlant d'internacionalisme també, per recordar el que hem vingut a fer, agafàvem les paraules d'una de les Abuelas de la Plaza de mayo, Hebe de Bonafini, que deia:

Mientras haya en el mundo un solo niño que carezca de pan, de fruta y leche, un solo niño que mastique su hambre desde el alba, ¿de qué sirven los discursos, conferencias, seminarios, simposios, bellas cartas, si hay un solo niño con hambre?

Per tant, acció, organització, resistència i lluita!

XI

NO ABANDONEM L'ESPERANÇA DE VIURE EN PAU

Discurs al Teatre Conservatori de Manresa, 12 de desembre del 2017, en el marc de la campanya «Dempeus», impulsada per la CUP-CC per a les eleccions convocades per l'Estat espanyol del 21 de desembre.

Cantava Víctor Jara, el poeta xilè: «*Tenemos el derecho de vivir en paz*».

Viure en pau vol dir moltes coses. No és tan sols viure en absència de guerra. És també viure en llibertat, amb dignitat, sense desigualtats, amb justícia.

Viure en pau vol dir moltes coses. I ara, i aquí, vol dir posar fi a un règim que ens imposa por, que ens amenaça, que ens persegueix, que ens vol humiliar i que ens vol súbdites, callades, espantades. Un règim que nasqué d'un cop d'estat –aquell sí que ho fou– i del feixisme que no depurà cap responsabilitat als que aterriren aquest país durant més de quaranta anys. Un règim que aprovava una constitució de la mà de militars i que assassinava advocats laboralistes a Madrid, o militants comunistes a Alacant o a Andalusia per reivindicar amb una pintada: «*Pan, trabajo y libertad*».

Un règim que sabem corrupte, però que intenta amagar la seva corrupció amb banderes. Un règim que no té escrúpols a l'hora de transferir quantitats ingents de diner públic, de totes i de tots, a la banca, i que no té manies a l'hora de retallar drets bàsics, també de totes i de tots.

Un règim que té una mirada estreta, que no valora la diversitat lingüística i cultural, que vol que els que pensen o parlen diferent, simplement, deixin de pensar o parlar.

Un règim que apuntalen monarquia, partits, poder judicial, cossos policials, militars, grans empreses, mitjans de comunicació i cúpules eclesiàstiques. Perquè hi ha relacions familiars, d'amistat i econòmiques entre ells.

On són les garanties? I sobretot, on són aquelles veus que reclamaven garanties el dia 1 d'octubre, en un gran exercici de cinisme, perquè ja eren conscients de la repressió exercida? On són els amants de les garanties ara? O és que les garanties només existeixen si beneficien l'opció del teu partit polític?

On són els que tant es queixen que l'independentisme divideix, quan el que divideix la societat és el mal repartiment de la riquesa? On són els que es preocupen tant dels problemes reals de la gent quan desnonen famílies de les seves cases o veuen gent dormint al carrer? On són quan veuen àvies que moren per no poder pagar la llum o gent que emmalalteix per aturs cronificats?

On són els que reclamen sempre el compliment de la legalitat quan hi ha centenars de juristes, catedràtics i professors de dret que denuncien que l'aplicació del 155 s'ha fet fora de la legalitat?

Amb els del 155, i amb els que diuen que estarien disposats a governar amb ells, malgrat que es diguin d'esquerres, s'avala i es dona suport a un estat, un règim i un sistema de conculcació de drets fonamentals. Punt.

No cal ser experts en dret, a més, per adonar-se que s'està utilitzant el dret i els tribunals per encerclar i disciplinar una opció ideològica —opció que ja no és ni tan sols la independentista, sinó que és la democràtica—; per obrir una gran causa general contra totes aquelles persones que estan al costat de la democràcia.

I viure en pau vol dir, també, viure en democràcia. I la democràcia és retornar el poder decisori a la gent. Democràcia és autoorganitzar-se per expressar-se lliurement, votar, manifestar-se i autotutelar-se els drets quan l'Estat no els garanteix. Democràcia és l'1 d'octubre, el 3 d'octubre i el 8 de novembre.

Democràcia és molt més que pidolar que es restitueixin les institucions robades pel 155, és molt més que acatar una constitució, és molt més que un grapat de competències sempre tutelades pel Tribunal Constitucional.

Així que us demanem, us animem, us encoratgem que en el proper Parlament de Catalunya hi hagi representada la voluntat de construir república, que és sinònim de construir democràcia. Que hi hagi persones com el Ramon i la Bel,[1] que no estan disposades a permetre que els arranquin allò que els pertany: la capacitat de lluitar, la capacitat d'estimar i la voluntat de construir un altre món.

Us demanem, us animem, que en el proper Parlament hi hagi persones com el Ramon i la Bel, que es comprometen a treballar incansablement per denunciar injustícies, a treballar incansablement per construir alternatives. Per guanyar

1. Gabriel es refereix a Ramon Vancells i Bel Olid, en aquell moment candidates número 7 i número 6 respectivament de la llista per Barcelona de la CUP-CC per a les eleccions del 21-D, amb qui va compartir escenari en aquell acte polític. (N. de l'ed.)

el dret a l'habitatge digne, a l'educació i a la sanitat, lluny de les urpes del benefici privat; per guanyar el dret a gaudir d'un territori que no estigui permanentment en venda. Per tenir treball; per tenir serveis públics; perquè erradiquem el masclisme, els feminicidis i les violències de gènere.

Us animem, us encoratgem a fer més forta l'esquerra independentista, la que sempre ha cregut en la independència per canviar-ho tot, la que des de barris, pobles i ciutats, des d'ajuntaments i des del carrer, sempre, sempre, ha defensat que la independència és el millor instrument per garantir drets civils, drets polítics i drets socials.

Només amb la independència obrirem un procés constituent en el qual totes ho decidirem tot. Només amb la independència podrem deixar de viure amenaçades i perseguides.

Us demanem, us animem que fem possible guanyar el dia 21 de desembre, perquè persones com la Bel i el Ramon venen a fer política en majúscules, que vol dir no viure de la política i servir a la voluntat política que s'expressà l'1 d'octubre. Vol dir implementar la República i vol dir activar els decrets de la dignitat.

Us demanem, us encoratgem que no abandoneu l'esperança de viure en pau.

I això, ara i aquí, vol dir aconseguir la independència per canviar-ho tot. Construir la República de l'1 d'octubre, aquella en què la gent digna, en què vosaltres, sou els protagonistes.

XII

ENS HAN PARIT FILLES DEL BÀNDOL DELS VENÇUTS

Missatge de veu gravat especialment per a l'acte polític de l'Assemblea Nacional d'Endavant (OSAN), que va tenir lloc el diumenge 18 de setembre de 2017, el dia després d'anunciar en un breu comunicat públic la seva presència a Suïssa per treballar la seva defensa política i jurídica en la causa general contra el dret a l'autodeterminació impulsada pel Tribunal Suprem espanyol.

Bon dia companyes,

Just aquesta setmana, feia referència a Brecht per recordar que la nostra opció, la de la militància, la de la lluita contra les injustícies, la de la denúncia permanent, la de la resistència als embats, al dolor que ens causen els que ens volen mal, corrien el risc de tornar-nos agres, d'agreujar els rictus, d'enrarir-nos el caràcter. Però hi ha també la nostra resistència a que ens converteixin en persones que no volem ser. Hi ha també les nostres alternatives, els nostres somnis, les nostres utopies, les nostres petites victòries, i sobretot, hi ha les persones que, com vosaltres, porten un nou món dins del seu cor.

D'entre tota la gent que lluita, n'hi ha, amb la que no dubtaries mai de res i per a res. Aquests, sou vosaltres. Gent determinada, convençuda, incorruptible, generosa... Per això és un orgull militar a Endavant, i per això he volgut fer-me un espai en una Assemblea a la que no puc assistir-hi.

No pretenc robar massa temps a l'acte polític... Les Assemblees Nacionals son imprescindibles per seguir avançant, i requereixen de tota la nostra entrega i atenció, i l'acte polític final, és un bon moment de síntesi, de presa de consciència dels acords i compromisos. De fer balanç dels debats... De reconeixements i de relligar tot el que hi hem aportat durant el cap de setmana.

Però sí que us vull donar escalf, força i ànims per seguir fent gran aquesta organització. Sí que us vull demanar que em deixeu dir-vos que Endavant és una de les eines més útils d'intervenció política, en uns Països Catalans amb molts reptes.

La persistència en l'articulació política del conjunt del país, que faci realitat, que perseveri de forma tossuda en la seva construcció. Una construcció que sigui real, que vagi més enllà de la mera voluntat. Que demostri que és en aquest marc, i només en aquest marc, que es poden obrir totes les possibilitats de canvi real i radical. L'aposta feminista indestriable, la capacitat per a fer propostes que consoliden la construcció de la unitat popular, son, entre d'altres, les nostres principals ensenyes, i han de continuar sent, la nostra brúixola.

Corren temps estranys, però poden ser també temps de canvis, i és de moments així d'on sempre n'han sorgit les veritables transformacions. La persecució política a l'independentisme, que coneixem tant bé, ara pren noves formes i abasta nous espais. I no podem, ni hem d'oblidar, a cap de les persones represaliades. A cap. Per això vull enviar una abraçada especial a totes les companyes que, en un moment o altre, heu sofert la repressió. Són tants casos i tantes persones que no em vull oblidar de ningú. Però deixeu que envïi un record especial a les companyes del País Valencià, a les antifeixistes finalment absoltes, i a la Paula i el Santi, que heu estats citats darrerament. La resta, no és que sigui cap oblit, és que sou i som, totes alhora. I allò de «si ens toquen a una ens toquen a totes», nosaltres, ho convertim en realitat.

A nosaltres ens han parit filles del bàndol dels vençuts. I sabem que la construcció d'un país que faci dignes les persones, és lluitar contra tot el que significa el bàndol dels vencedors. I sabem que no és senzill. Que nosaltres, com les kurdes, pocs amics més tenim, a banda de les muntanyes.

Però mentre hi hagi organitzacions com Endavant, i persones disposades a treballar-hi, hi ha esperança. Per això és important fer créixer la organització i enfortir-la.

Deixeu-me també donar les gràcies, sinceres, a totes les companyes de l'executiva, per la feina invisible i tenaç, i per la preparació de l'Assemblea Nacional.

Una abraçada ben forta, i fins ben aviat.

Gràcies per ser-hi.

XIII

FEM QUE ELS PAÏSOS CATALANS SIGUIN TAMBÉ LLOC DE REFUGI

> Salutació en vídeo a les assistents a l'acte de Sallent Respon, celebrat el passat 24 de febrer, només una setmana després d'anunciar-se la seva presència a Ginebra, Suïssa, i només 4 dies després de saber-se que no assistiria a la citació del jutge del Tribunal Suprem espanyol Pablo Llarena, en el marc de la causa general contra l'autodeterminació i contra el poble català.

Molt bona nit, Sallent. Bona nit, Bages, Reus, Vilafranca, Girona, València. Molt bona nit, Països Catalans.

Mil gràcies a totes les que heu vingut avui a Sallent. Mil gràcies també a tota la gent que s'ha encarregat de muntar això tan preciós d'avui, de «Si toquen l'Anna, Sallent respon». Mil gràcies als Ovidis, també. Al que se'n va anar de vacances fa uns anys, i als Ovidis d'avui. Els Davids, la Mireia, el Borja. Mil petons també per a vosaltres.

Res, quatre paraules. Es tracta que gaudim del concert, i que després pugueu estar juntes, fent-nos companyia.

Només voldria dir-vos que em cuideu Sallent. Cuideu l'escola, les places, la Fumera, l'Ateneu. Que continueu fent de Sallent un dels millors pobles del món, perquè arribi el dia que sigui el millor poble del món.

Gaudiu-lo, treballeu-lo, reivindiqueu-lo, seguiu teixint complicitats i aliances entre vosaltres. Treballeu perquè sigui un poble d'acollida. Quan marxes lluny de casa, trobes molt importants totes les mostres de solidaritat que t'arriben; la gent que t'ofereix ajuda, la que et fa sentir que t'obre les mans i estan allà perquè estiguis millor. I que fa que, per tant, obris tu també les mans. Obrim els braços, les portes, a la gent que ve a Sallent a buscar un lloc de refugi.

Fem que els Països Catalans siguin també lloc de refugi per a la gent que tampoc vol marxar del seu país i ho ha de fer. Crec que això també és molt important i a vegades no som prou conscients que no som sempre tan generosos com hauríem de ser-ho amb la gent que potser ho passa malament.

També vull encoratjar-vos i donar-vos tota la força perquè seguim treballant de manera determinada, tossuda, com ho hem estat fent, per fer realitat els nostres somnis. Crec que no hi ha cap tribunal ni partit que hagi de tenir la clau de la nostra dignitat ni de la nostra llibertat. Així, és responsabilitat nostra, il·lusió nostra, poder construir un país millor i fer realitat aquesta república. Per tant, seguim, avancem, no defallim. Que no decaiguin els ànims. Us encoratjo molt a seguir treballant en aquest sentit. No hem de parar fins que surtin els presos de la presó, on mai haurien d'haver entrat. Fins que hi hagi la llibertat que hi hauria d'haver al nostre país i que ara està greument amenaçada. És a les nostres mans que sigui així, a les mans de totes vosaltres, també.

Avui em feien arribar una nota des de Soto del Real de part del Jordi Cuixart, que recordava també el poeta i dramaturg Bertolt Brecht, dient que el millor regal que podem fer als altres és l'exemple de la nostra vida. Fem, totes plegades, que la nostra vida sigui exemple de treball per la dignitat col·lectiva i per la llibertat que mereixem.

Molts petons a totes.

Fem que sigui possible que no passaran!

EPÍLEGS

AMB BITLLET D'ANADA I TORNADA

Benet Salellas

En els dos anys que hem compartit al grup parlamentari de la CUP-CC –i a la resta d'espais interns i externs que això ha comportat–, Anna Gabriel ha estat una de les veus destacades i més escoltades del nostre moviment. Ha intervingut habitualment com a portaveu, i per tant, ha exposat les posicions nascudes del debat col·lectiu. Ara bé, l'Anna ha materialitzat aquestes idees en discursos, textos i entrevistes, en què sempre ha introduït la seva pròpia mirada política, des d'una cambra pròpia woolfoniana en què, en ocasions, he tingut el privilegi de poder-me endinsar.

Les seves paraules són sobretot eina de radicalitat, en el sentit de l'Angela Davis quan defineix el feminisme com a idea radical, sense tebiors, sense mitges veritats, sense renúncies i sense embolcalls. De tema en tema, perquè ha calgut parlar i respondre a infinitud de qüestions, de vegades obrint camí amb nous conceptes, altres moments fent de veu de la minoria, dient allò que ningú s'havia atrevit a dir, i en moltes ocasions aportant arguments al que ha estat el discurs central del moviment popular dels darrers temps. La qüestió democràtica, necessàriament lligada a la sobirania, ha estat nuclear. En la impugnació del règim del 78 i dels seus privilegis, l'Anna ha insistit en el vector de la pràctica democràtica, des de l'exercici del dret a l'autodeterminació fins a l'objectiu de la plenitud material en les condicions de vida de totes les persones. En definitiva, ha estat i és una gran defensora de la radicalitat democràtica.

I des d'aquest ingredient imprescindible també ha reivindicat una esquerra diferent de l'esquerra *tradicional* i institucionalitzada. Hem parlat profundament de per què nosaltres no som millors que aquells que ens han precedit, plens d'il·lusió i esperança, i han acabat en organitzacions burocratitzades que són avui pilar del règim del 78. Han aparegut algunes propostes per intentar solucionar-ho, com l'assemblearisme permanent, la limitació de mandats i càrrecs, la vinculació constant institució-carrer..., premisses sobre les quals l'Anna ha estat en tot moment molt insistent. Quan vam anar a Brussel·les a veure el president Puigdemont a l'exili, va coincidir que tant l'Anna com jo dúiem a la motxilla la Louise Bryant i els *Sis mesos rojos a Rússia*. No tinc cap dubte que l'Anna escriu i pensa des de la tradició marxista, però ho fa imbuïda per un esperit llibertari sempre present, amb aires llatinoamericans, però arrelada a una manera d'entendre la revolució que transcorre entre el POUM i Frederica Montseny. Una manera d'entendre les coses, per cert, molt genuïna d'aquest racó de la Mediterrània anomenat Països Catalans.

Amb l'Anna hem compartit, finalment, el rigor i la capacitat inacabable de treball. Difícilment trobarem un error en les dades proporcionades per ella en un discurs o una intervenció; ha preferit no dir, abans que dir malament, i ha esmerçat totes les hores del món a escriure, pensar i esmenar, tant en l'activitat parlamentària com de carrer com en l'acció interna de l'organització. També puc deixar constància que hem discutit molt, com correspon en un espai polític com el nostre i en el moment que ens ha tocat viure, en debats intensos que hem afrontat amb responsabilitat i serenor. Segurament aquesta és una de les coses que més trobaré a faltar amb l'exili de l'Anna, la impossibilitat de tirar-nos els plats pel cap en qualsevol discussió, amb la ironia i el sarcasme que tant la caracteritza.

L'exili a Ginebra ens ha tornat a posar sobre la taula un passat recent, el dels nostres refugiats, l'altra cara de la moneda de la repressió que es vivia dins de l'Espanya franquista; repressió que, per cert, l'Anna sempre ha maldat per perimetrar en el marc de la recuperació de la memòria històrica. No vull deixar de recordar que la seva feina a la Facultat de Dret de la UAB és a l'àrea d'història del dret, amb una tesi pendent de fa anys en aquest àmbit. Per tant, ironies del destí, l'Anna és ara protagonista d'una història profundament estudiada i explicada per ella mateixa tantes vegades a les aules. La seva presència, mentrestant, a Ginebra ha de servir per continuar parlant de dret i de drets, per fer de mirall a l'Estat espanyol i al seu caràcter autoritari, tant arreu com a dins de les fronteres espanyoles. Des d'una de les principals tribunes internacionals en matèria de drets humans, no tinc cap dubte que podrà fer bona feina.

A nosaltres, als que ens quedem aquí, ens correspon precisament fer que aquest cicle de persecució política que s'ha obert ara no creixi i pugui ser invertit amb rapidesa perquè els exiliats i els presoners polítics puguin tornar ben aviat a casa. Hem de treballar incansablement per generar les condicions perquè el bitllet de l'Anna sigui d'anada i de tornada, i per imprimir en cada acció antirepressiva tot el missatge d'esperança i de futur que ens ha portat a aquest embat amb l'Estat, perquè si aconsegueixen centrar-nos exclusivament en la lluita contra la repressió, ja hauran guanyat bona part de la partida. Per això cal, sempre, que tots i cadascun dels discursos que trobareu en aquest llibre siguin llavors de revolta, de crítica i de transformació col·lectiva.

Una coneguda exiliada catalana a Ginebra, Aurora Bertrana, escrivia que «el que s'ha de fer amb la vida és viure-la i després, si de cas, escriure-la amb coneixement de causa». I un altre exiliat ben conegut, Bertolt Brecht, que va passar per una llarga llista de països, també per Suïssa, proclamava que «el regal més gran que pots fer als altres és l'exemple de la teva pròpia vida». Em consta que l'Anna comparteix totalment aquestes dues màximes sobre la vida; la pilota, però, és a la teulada de la resta, dels que no som a Ginebra, i depèn de fins a quin punt estem disposats a plantar cara i a seguir construint amb generositat aquest projecte de vida col·lectiva, més enllà del capitalisme i del règim del 78, que tot just hem iniciat.

LES CLAUS DE L'ANNA
I LES ULLERES DE HARTHEIM

David Fernàndez

Llave, por llave –me dice Mario Benedetti.

Y me cuenta que cuando vivía en Buenos Aires, en los tiempos del terror, él llevaba cinco llaves ajenas en su llavero: cinco llaves, de cinco casas, de cinco amigos: las llaves que lo salvaron.

Celebración de la amistad,
Eduardo Galeano

Era un migdia fred d'hivern de no fa gaire, això segur. Segur perquè el fred no ha escampat encara i perquè encara bufa fort aquell mal vent de ponent. De no fa gaire perquè és com si fos ahir mateix, un bocí de temps robat que dura encara i que encara perdurarà –quan la tasca compartida, comuna i col·lectiva del moment no és cap altra que escurçar l'hora dels retorns, reduir la distància amb la llibertat i apropar el temps de les cireres. Era un fred dur, això sí i això segur. Nou o antic, però en tot cas, rovellat i insondable. Anava per dins, no pas per fora. I cremava. Contra ell s'escolaven les línies de fuga que sempre hem sabut traçar en els moments dolents i en les estones pitjors. I en els jorns impossibles.

Era dimecres d'hivern, sí, al moll dels marges d'un país atrotinat que mai no surt als mapes oficials i que prova de fer-se un lloc a recer de la dignitat. Una trucada a la feina em citava a casa meva –si és que hi ha cases d'algú en un present d'hipoteques, robatoris a l'engròs i vides de lloguer. Vaig sortir a correcuita de la cooperativa, dissimulant la pressa i amagant la urgència. I quan vaig girar la clau de la porta de casa, l'Anna ja hi era. De fet, és a dins de casa fa anys i panys. Hi va entrar un dia sense avisar i per quedar-s'hi a la vora del foc –sense demanar permís, sense demanar perdó–, i va ser com quan veus que algú arriba i ja saps, la bona sort plovent, que mai marxarà. Des d'aleshores l'Anna sempre m'ha guardat les claus de casa, sempre les ha tingut i sempre les ha protegit, fos a Ripoll o a la Vila de Gràcia. Arribats aquí, potser ja no caldria dir res més. Tot és dit en l'amistat, en la geografia dels vincles i la cartografia dels refugis, quan algú cuida les claus de la teva habitació –i l'habitació sencera. Casa meva, casa teva, quan l'Anna és, sobretot, casa nostra. Contra les utopies fracassades i les inquietants distopies regnants, l'Anna ja és això: l'eutopia habitable, un bon lloc al món on poder dir-s'ho tot, un temps de vida fora del capitalisme, una assemblea clandestina en una cuina, l'Ovidi dempeus a Sallent –cantonada memòria– al carrer Guillem Agulló, un sarró on tot cap i el número de telèfon que saps que mai no has d'oblidar.

Era el migdia d'un dimecres d'hivern a contratemps i des d'aleshores tot és ja un altre dia. El record se n'ha quedat mig congelat i mig desdibuixat: recordo escoltar-la, acatar-ho i emmudir. No sé si van ser més de vint minuts. Sí que sé que no existia prou temps per dir-li tot el que voldria haver-li dit. Després, la porta es va tancar, la cadira va quedar buida i tots els silencis van ploure de cop. Tot es va aturar. No sabria dir quan vaig reaccionar però, fent un torcebraç a l'infinit, vaig restar quiet, immòbil i amb el cap entre les mans sense adornar-me'n. Rumiava el dubte –rumio encara– de quan es tornaria a obrir la porta un altre cop. Amb aquell dubte esmorzo cada matinada. Sobra dir-ho.

A sis graus sota zero, de fred en fred, la retrobada va haver de ser, forçosament, un dimarts de febrer a Ginebra. Tan lluny i tan a prop, ens vam conèixer enmig d'un altre glaç gebrador: el 2005, a Mauthausen, amb motiu del seixantè aniversari de l'alliberament dels camps nazis. Allà, davant del desordre concentracionari i criminal del nazisme, ens vam quedar muts al castell de Hartheim, veient les restes de les ulleres de tot el que van matar. Amb aquelles ulleres, crec que és encara amb les que ens mirem el món. Mai la mirada del poder, sinó sempre la de la resistència. Mai la indecent indiferència de la brutalitat, sinó sempre la rebel necessitat d'humanitat.

Abans, molt abans, havíem llegit els exilis i les cartes a la presó de tots els temps i els racons: de Sarri a Wilde, de Gramsci a Luxemburg, d'Eva Forest a Bobby Sands, de la maleta de Walter Benjamin als «rondos» de les Madres de Plaza de Mayo, de les cartes que arribaven a August Gil Matamala des de les fosques cel·les del franquisme, passant per les absències de Maixabel Gaztañaga, fins a les que ara ens arriben des d'Estremera, Alcalá-Meco o Soto del Real.

Contra els cadenats de tanta grisor repressiva i els buits de la negra pau de bords i lladres, sura sempre un sol d'hivern, un recer a la intempèrie i mil llumins en la fosca. Això és ella per a nosaltres, que l'estimem tant. I per això a l'Anna, bruixa bona i millor brúixola, que tragina les claus que obriran tots els panys i que preserva la mirada de totes les ulleres de Hartheim, sempre la trobareu fora de la gàbia defensant la seva tribu. Lliure com el vent, alçada com una partisana i dempeus contra tots els murs. Amb la vida sencera a les butxaques, totes les lluites a l'espatlla del món i l'esperança sempre entre les dents.

I les portes de casa, albereda de llibertat per quan fem possible que torni, obertes de bat a bat.

ÍNDEX